JN434700

**정브르**

136만 구독자를 보유한 생물 크리에이터. 곤충과 파충류부터 바다생물까지 다양한 생물을 소개하는 참신한 콘텐츠를 선보이며 생물 전문 크리에이터로 큰 사랑을 받고 있답니다. 유튜브 채널에서 동물 사육, 채집, 과학 실험 등의 재미있고 유익한 영상을 소개하고 있으며, 도서와 영화를 통해 고유의 콘텐츠와 더불어 동물을 사랑하는 마음까지 대중에게 알리고 있어요.

**1판 1쇄 인쇄** 2024년 5월 16일
**1판 1쇄 발행** 2024년 5월 31일

**발행인** | 심정섭
**편집인** | 안예남
**편집장** | 최영미
**편집자** | 김은솔, 이선민
**브랜드마케팅 담당** | 김지선
**출판마케팅 담당** | 홍성현, 김호현
**제작** | 정수호

**발행처** | (주)서울문화사
**등록일** | 1988년 2월 16일
**등록번호** | 제 2-484
**주소** | 서울특별시 용산구 새창로 221-19
**전화 편집** | 02-799-9375 **출판마케팅** | 02-791-0708
**본문 구성** | 덕윤웨이브 **디자인** | 권규빈

ISBN 979-11-6923-905-9
979-11-6438-488-4 (세트)

©정브르. ©SANDBOX NETWORK.

생생체험
자연관찰
정브르의
물속 동물 일기
브르와 함께 떠나는
물속 동물 탐험!
서울문화사

# 차례

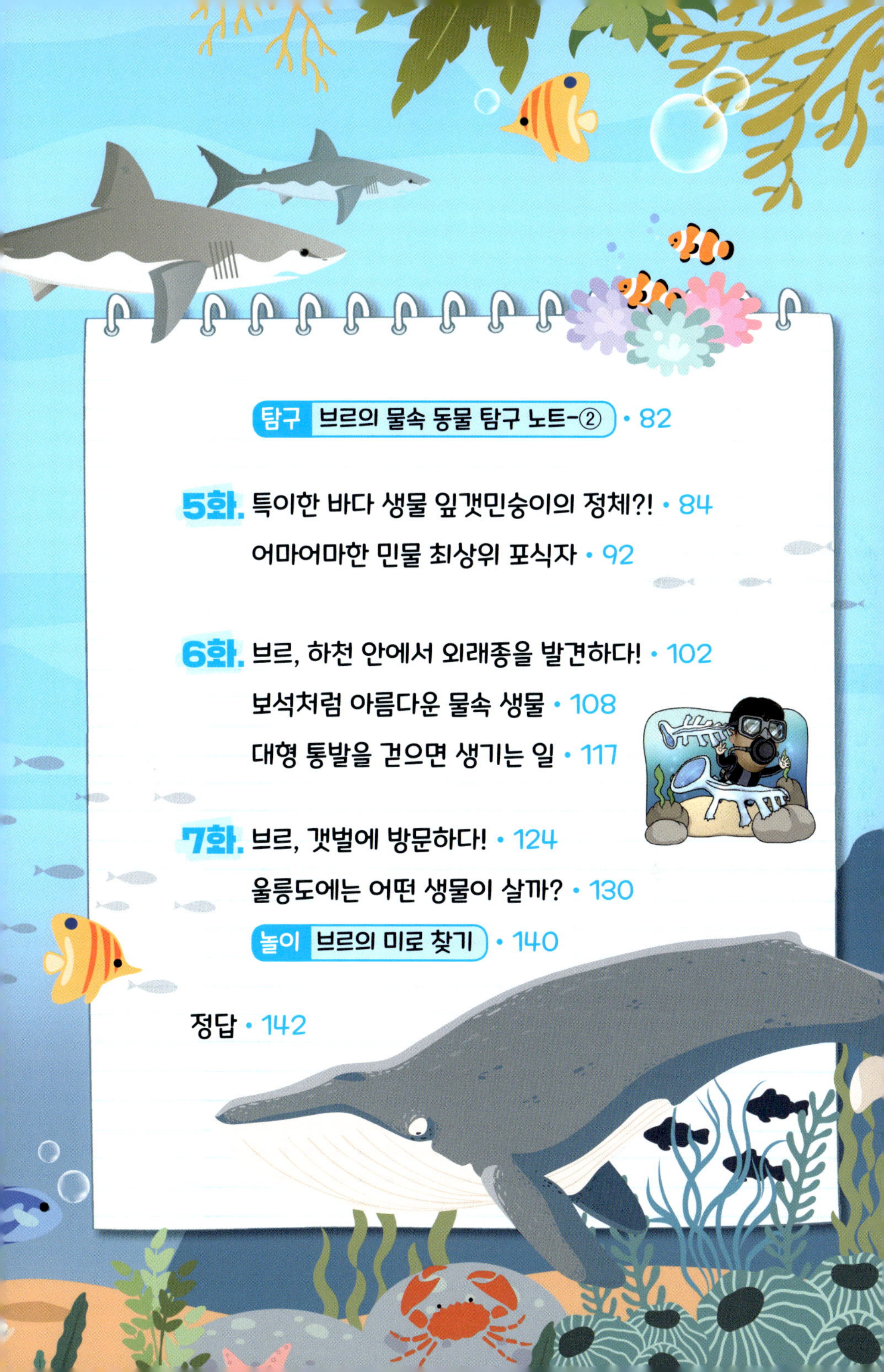

# 브르의 물속 동물 탐구 노트-①

## 물속 동물이란?

물속 동물이란 물속에서 살아가는 모든 동물을 뜻해요. 바다에 서식하는 동물, 강이나 하천에 서식하는 동물, 육지와 물을 오가며 생활하는 동물 등 세상에는 다양한 물속 동물이 있지요. 우리에게 익숙한 물고기뿐만 아니라 다양한 포유류와 파충류, 그리고 물방개와 같은 곤충까지도 물에서 살아가요.

## 물속 동물의 특징

대부분의 물속 동물은 아가미를 이용해서 숨을 쉬어요. 물속에 녹아 있는 산소를 흡수하는 방식이지요. 모든 물속 동물이 아가미가 있는 것은 아니에요. 아가미가 없는 고래와 같은 동물은 물 표면으로 올라와 공기를 저장하는 등 다양한 방식으로 호흡해요.

아가미뿐 아니라, 물속에서 생활하는 대부분의 동물은 지느러미와 비늘이 발달했어요. 지느러미는 물속에서 동물이 빠르고 자유롭게 이동할 수 있도록 하고, 균형을 잡아 줘요. 또한, 물고기에 주로 있는 많고 단단한 비늘은 외부로부터 손상을 막고, 온도 조절에 도움을 줘요.

*포유류: 젖을 먹여 새끼를 키우는 동물.

## 동물들의 다양한 생태계

하늘을 나는 동물

하늘에는 날개를 가지고 있고, 하늘을 날 수 있는 동물이 살아가요. 대표적으로는 새를 뜻하는 조류, 나비, 잠자리와 같은 비행 동물이 있지요. *포유류 중에서도 비행이 가능한 유일한 동물이 있는데, 바로 박쥐예요.

땅과 땅속에도 많은 동물이 살아가요. 땅에는 사자, 개와 같은 포유류와 뱀, 악어와 같은 파충류, 개구리, 두꺼비와 같은 양서류 등이 있어요. 대부분은 땅 위에서 기어다니거나 뛰어다녀서 다리가 발달되어 있지요. 땅속에는 두더지, 지렁이, 땅강아지 등 다양한 동물이 살고 있어요.

땅과 땅속에 사는 동물

물속에는 대표적으로 물고기 같은 어류가 살아가요. 그 외에도 고래와 같은 포유류나 거북과 같은 파충류도 물속에 서식하지요. 물속에서만 생활하지 않고 육지와 물을 오가며 생활하는 동물도 많은데, 이런 동물을 반수생 동물이라고 불러요.

물가와 물속에 사는 동물

**브린이를 위한 상식**

늑대거북은 힘이 아주 세고 공격성이 강해요. 새로운 환경에도 쉽게 적응하며, 먹이를 가리지 않고 먹는 최상위 포식자예요. 국내에는 천적이 거의 없어서 기존 생태계를 파괴할 수 있기 때문에 우리나라의 생태계 교란 생물로 지정됐어요.

이렇게 큰 늑대거북을 잡다니….

이 친구가 발견된 장소로 한번 가 볼게요.

부우웅

드디어 늑대거북이 잡혔다는 하천에 도착했습니다.

생태계 교란 생물인 늑대거북과 붉은귀거북은 실제로 이런 풀밭에서 산란을 하고

땅을 파고들어 *동면해요.

이 하천은 늑대거북이 살기에 정말 좋은 환경인 것 같아요.

*외래종: 다른 나라에서 들어온 품종.
*동면: 겨울에 동물이 활동을 중단하고 땅속 따위에서 겨울을 보냄.

시청자분의 제보 영상을 보면 산책로에서도 늑대거북을 만날 정도로 전국에 많이 퍼져 있어요.

산책하기 좋은 날이군!

여유 있게 걷고 있는 늑대거북.

사람이 있어도 무서워하지 않는 것 같아요.

정말 심각한 상황입니다.

나 여기 있어!

엉금

엉금

**브린이를 위한 상식**

우리나라 토종 거북목으로는 남생이와 자라가 있어요. 남생이는 산처럼 솟은 모양의 딱딱한 등딱지를 가졌고, 자라는 물렁하고 납작한 등딱지를 가졌지요. 특히 남생이는 우리나라 천연기념물이자 멸종 위기종으로 지정되어 보호를 받고 있어요.

이번에 잡힌
늑대거북을
한번 자세히
볼까요?
발톱이 굉장히
뾰족하고
날카롭습니다.
뾰족
꼬리의
가죽이 마치 단단한
갑옷 같은 것이
늑대거북의
특징이에요.
꼬리
꾸욱
역시 최상위
포식자라 먹이를
잘 먹어서 살도
많이 쪘어요.
등딱지만
약 30cm로
추정됩니다.
크기가 정말
크네요~.
이 친구는
사냥할 때 반응이
굉장히 빠릅니다.
머리가 갑자기 확
튀어나와요.
조심해!
문다!
물속에서
잘 안 나와서
방생이 되거나
유기가 됐을 때 눈에
잘 안 띕니다.

**브린이를 위한 상식**

외래 생물은 위험할 수 있으니 함부로 만지면 안 돼요.
만약 자연에서 위험한 외래 생물을 발견했다면,
외래 생물 신고 센터에 신고하여 생태계를 지켜 주세요.

덥석
먹어 볼까?
와그작!! 
와, 보셨죠? 무는 힘이 엄청납니다. 
귀엽다고 만지면 절대 안 됩니다!
와구
와구
음~ 이거 맛있다.
순식간에 부서진 당근.

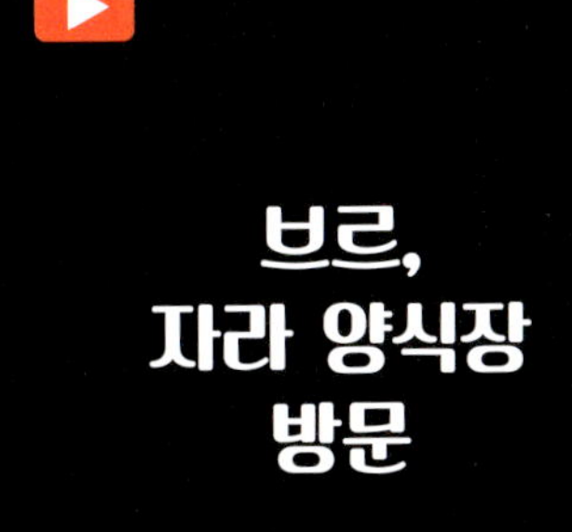
브르,
자라 양식장
방문

오늘은
자라 양식장에
왔습니다.
이곳에서 자라를
어떻게 키우고
번식하는지
보여 드릴게요.

이 수조만
약 1,000평이
넘는다고 해요.
어느 정도 자란 자라는
여기에 풀어서
사육합니다.
두둥
지금 이곳에
수천 마리의 자라가
살고 있대요.
어마어마한 사이즈의 사육장.

사장님이
그물을 쳐서
자라를
잡아 주신대요.
그물
자라들이
기어다니다가
그물에
걸릴 거예요.

**브린이를 위한 상식**

자라는 우리나라의 토종 생물 중 하나로, 하천이나 저수지 같은 민물에 서식해요. 주로 물속에서만 활동하지만, 산란할 때는 육지로 올라와 물가의 모래나 흙에 구멍을 파고 산란하지요.

수조의
물을 다 빼서
안에 살고 있는
자라들을 보여
주신대요.
자라들이
머리를 내밀고
있어요.
빼꼼
자라가 엄청 많네요.
물을 다 빼면 얼마나
많은 자라가 있을지
상상도 안 됩니다.
브르,
안녕?
이 수조만 해도
거의 1,000마리 이상의
자라가 서식한다고
해요.
이건 청수라는
초록 색깔의
물이에요.
식물성
플랑크톤이 많아서
물이 초록색으로
보이는 거예요.
더러운
물이 아니라 매우
깨끗한 물이에요.
냄새를 맡아도 아무
냄새도 안 납니다.
참방

물을 다 빼니,
탄탄한 모랫바닥이
나왔어요.
앗! 아까는
많았던 자라가
다 사라졌어요.
터 엉
흙 속에
숨어 있어서
흙을 깊게 파야
한대요.
팍
팍
나왔다!
짜잔
자라는 남생이처럼
천연기념물은 아니지만
보호종이라서 포획하면
안 됩니다.
이곳에서
2년 정도 키우다가
밖에 있는 수조로
내보내서 2~3년 더
키운다고 해요.
들켰다!
독특하게
생겼죠?
귀엽지?

최근에
굉장한 친구가
태어나서
보여 주신대요.
스윽

와, 새끼 자라예요.
아주 사랑스럽네요!
앙
증

와, 이 친구가 바로
아주 귀하다는
황금색 자라입니다!
황금색 자라
처음 봐?
두
둥

배도
노랗습니다.
신기하죠?

황금 기운을
나눠 줄게!

여기에
자라의
알이 보관되어
있대요.

짜안
보통 40일에서
50일 사이에
부화한다고 해요.
옹기종기 모여 있는 알.

자라는 주로
물속에서
활동하는데
산란 시기나
피부염을 일광욕으로
치료하기 위해 이렇게
땅으로 올라와서
쉬어요.
오늘 날씨
정말 좋다~.
일광욕 중인 새끼 자라.

아까 설치한
그물을 걷으러
왔습니다.
두근
과연 얼마나 잡혔을까요?
와,
연달아 나온다!
주렁
주렁

큼
직
잡혔다….
큰 개체가
많이 잡혔어요!
4년 정도 된
자라래요.

*성체: 생식이 가능한 다 자란 동물.

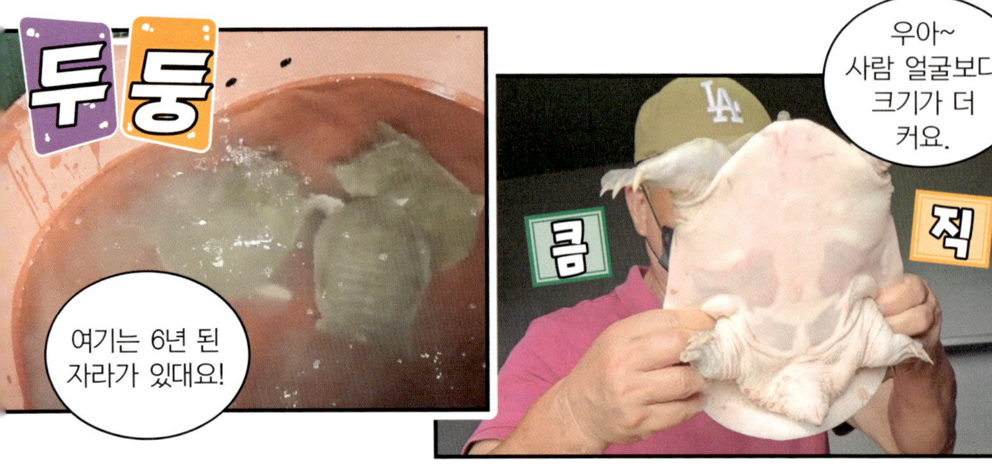
두둥
여기는 6년 된 자라가 있대요!
우아~ 사람 얼굴보다 크기가 더 커요.
큼
직

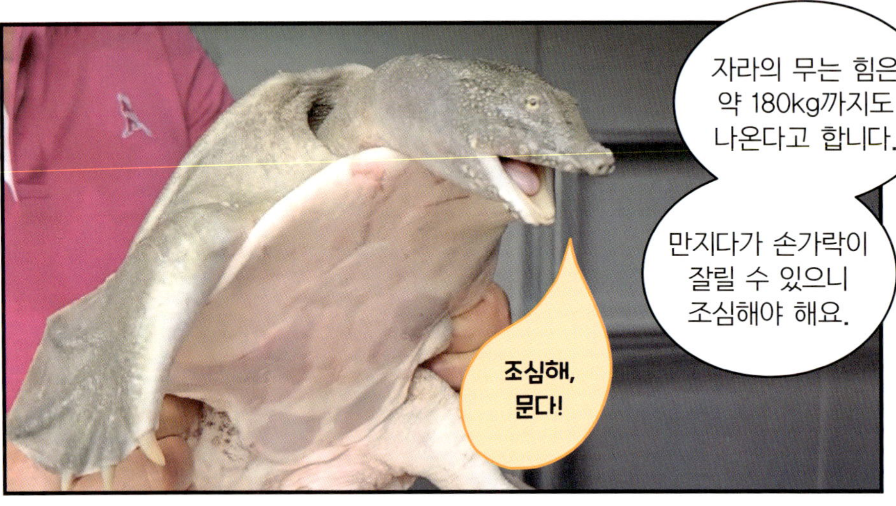
자라의 무는 힘은 약 180kg까지도 나온다고 합니다.
만지다가 손가락이 잘릴 수 있으니 조심해야 해요.
조심해, 문다!

자연에는 자라의 천적이 많아서 새끼가 많이 태어나도 그중 1%도 안 되는 자라만이 성체가 된다고 합니다.
이 새끼 자라가 우리나라에서 계속 보존되고 유지가 되었으면 좋겠습니다.
브르, 또 놀러 와~.

# 정브르의 생물 탐구

파충류인 거북은 주로 배와 등에 단단한 딱지가 있는 것이 특징이에요. 종에 따라 육지, 민물, 바다 등 다양한 환경에서 서식하며 평균적으로 약 20~30년 이상을 살아요.

**★정브르의 생물 탐구★**

**생물 이름: 뱀목거북**

뱀목거북은 뱀처럼 기다란 목을 가지고 있는 것이 특징이에요. 남아메리카, 뉴기니섬 등에 주로 서식하고, 먹잇감을 발견하면 긴 목을 뻗어 사냥하지요.

## ★비슷한 듯 다른 생물★

자라

붉은귀거북

우리나라의 토종 민물 거북목은 자라와 남생이 단 2종이 있어요. 무분별한 남획과 서식지 파괴로 개체 수가 줄어 보호를 해야 하지만 외래종인 붉은귀거북과 비슷하게 생겨 구분이 어렵지요.

자라, 남생이, 붉은귀거북은 등딱지를 보고 구분할 수 있어요. 자라는 등딱지가 납작하고 물렁해요. 남생이와 붉은귀거북은 등딱지가 딱딱하지만 남생이의 등딱지는 산처럼 솟은 모양이고, 붉은귀거북의 등딱지는 완만한 곡선 모양이지요.

# 브르의 숨은 그림 찾기

꼭꼭 숨어 있는 그림 5개를 찾아보세요.

색연필　선인장　파인애플　안경　숟가락

# 브르, 헤엄치는 훔볼트펭귄을 만나다!

**브린이를 위한 상식**

날지 못하는 새로 유명한 펭귄은 물속에서 사용하기 편하도록 발달된 지느러미 모양의 날개를 가지고 있어요. 남극뿐만 아니라 갈라파고스펭귄처럼 적도 등 다른 지역에서 서식하는 펭귄도 있지요.

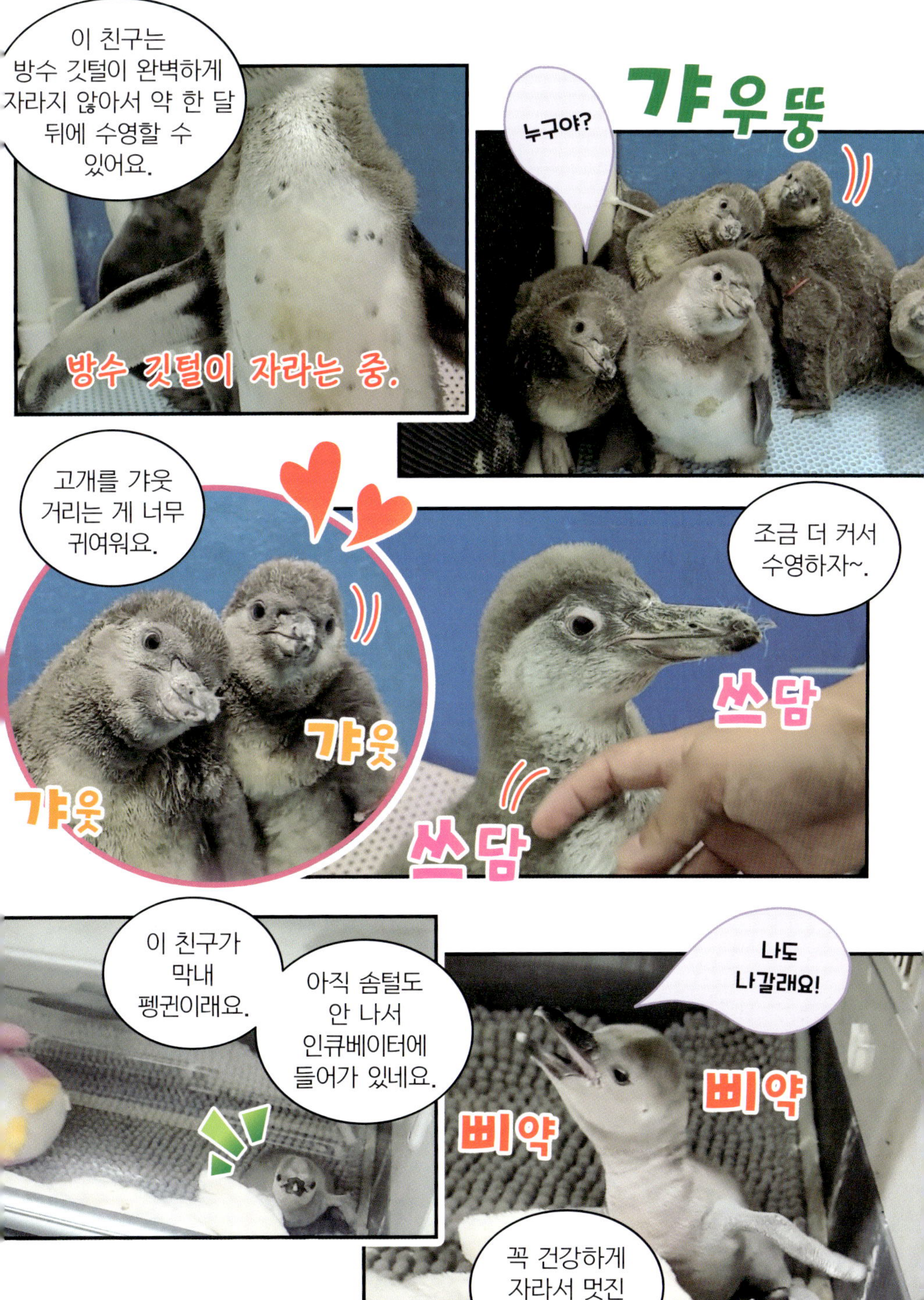
이 친구는
방수 깃털이 완벽하게
자라지 않아서 약 한 달
뒤에 수영할 수
있어요.
방수 깃털이 자라는 중.
누구야?
갸우뚱
고개를 갸웃
거리는 게 너무
귀여워요.
갸웃
갸웃
조금 더 커서
수영하자~.
쓰담
쓰담
이 친구가
막내
펭귄이래요.
아직 솜털도
안 나서
인큐베이터에
들어가 있네요.
나도
나갈래요!
삐약
삐약
꼭 건강하게
자라서 멋진
펭귄이 되렴~.

**브린이를 위한 상식**

펭귄의 깃털은 물을 막아 주는 방수 효과뿐 아니라 추위를 막아 주는 방한 효과까지 가지고 있어요. 촘촘히 박힌 깃털이 서로 맞물리면서 차가운 바닷물이나 공기가 피부에 닿지 못하게 해 주지요.

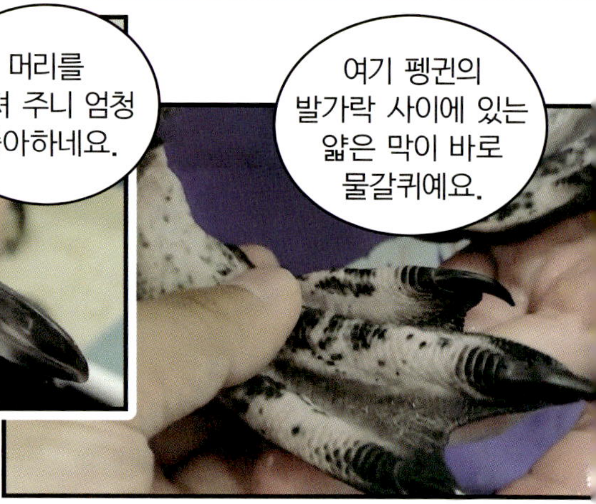

수영하는 모습을 보여 준대요.

수영하러 가자!

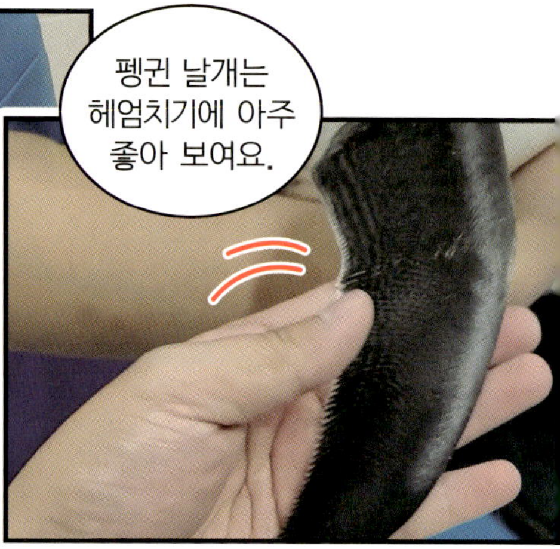

펭귄 날개는 헤엄치기에 아주 좋아 보여요.

긁적

긁적

머리를 만져 주니 엄청 좋아하네요.

아~ 시원해!

여기 펭귄의 발가락 사이에 있는 얇은 막이 바로 물갈퀴예요.

**브린이를 위한 상식**

훔볼트펭귄은 주로 남미 지역에 서식하는 펭귄으로, 훔볼트라는 이름은 남미 해안을 따라 흐르는 훔볼트 해류에서 유래했어요. 성체가 되면 머리와 가슴 부위에 검은 띠가 생기는 것이 특징이에요.

이 친구는 훔볼트펭귄이에요. 추운 곳에서 사는 대부분의 펭귄과 다르게

상온에서도 잘 살아가는 펭귄이에요.

훔볼트펭귄

이 친구보다
조금 더 성장한 펭귄이
있는 사육장에 왔어요.
태어났을 때부터 함께
자랐던 친구들이래요.
이곳에서도
함께 잘 지낼 것
같습니다.
드디어
나도 여기에!
두근
두근
어서
들어와~.
간다!
입수
첨벙
첨벙
감탄
와, 정말 잘하는데요?
아직은 몸의
색깔이나 모양이
뚜렷하게 나타나지는
않았어요.
성체가 된
훔볼트펭귄의
모습이에요.

쓰담
쓰담
수영을 다 했나 봐요~.

여기서는 다른 펭귄 친구들이 털을 말리고 있어요.

털아 빨리 말라라~.

여기 있는 펭귄은 사람을 잘 따르고 너무 순하네요.

우리 예뻐해 주세요!

브르, 또 놀러 와~!

건강하게 잘 지내렴~!

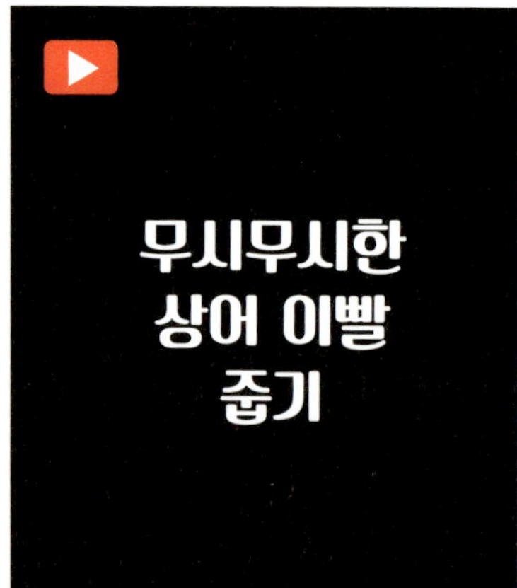
무시무시한
상어 이빨
줍기

오늘은 상어를 만나러 아쿠아리움에 왔어요!

여기에는 상어가 총 아홉 마리 있어요. 상어는 외부에서 봤을 때 꼬리 밑에 달린 생식기의 유무로 암수를 구분해요.
외부에 생식기가 있으면 수컷이고, 없으면 암컷이에요.
어서 와!

먼저 샌드타이거샤크에게 먹이를 줄게요.
공격성이 있는 친구라 배를 불린 다음에 들어가는 게 안전해요.

싱싱한 생선이네요!
작게 잘린 것도 있고
크게 잘린 것도
있어요.
다양한 크기의 신선한 먹이.

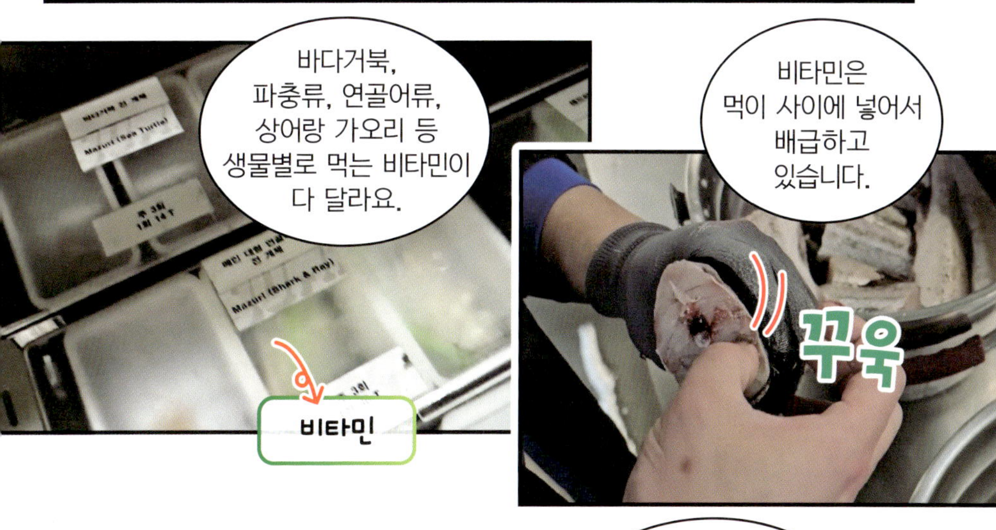
바다거북,
파충류, 연골어류,
상어랑 가오리 등
생물별로 먹는 비타민이
다 달라요.
비타민
비타민은
먹이 사이에 넣어서
배급하고
있습니다.
꾸욱

스윽
이건 명태라는 생선인데,
샌드타이거샤크가
아쿠아리움에 있다 보니까
활동량이 많지 않아요.
그래서 건강을 위해
지방 함량이 낮은
흰살 생선을
주고 있습니다.

좌악

순식간에 먹이를
낚아챈 상어.

외부에서 보이는
생식기 유무로 암수를
나누고 개체마다
다른 점 모양으로

상어를 구분해서
먹이를 골고루
먹인다고 해요.

나 아직
안 먹었어.

우아~
가까이에서
보니까
엄청 큽니다.

잠시 후에 제가
이 안으로
들어갈 거예요.

큼

직

밥 주세요!
이 친구는 수컷이에요. 크기가 꽤 크네요~.
맛있다~.
어서 들어와!
이 수조에는 가오리, 그루퍼 등의 다양한 생물이 살아요. 샌드타이거샤크도 무려 아홉 마리나 있습니다.
이제 저도 수조에 입수해 볼게요.
지나간다~.
샌드타이거샤크가 바로 제 옆을 지나갑니다. 아주 무시무시하네요!
스윽

물속에
들어오니 더
멋있고 다양한
생물이 많이
있어요!
밥 줘!
나
귀엽지?
환영해~.

샌드타이거샤크는
2m 정도인데
물속에서 보면 엄청난
포스를 느낄 수
있어요.
부릅
난 무서운
상어다!
엄청난 카리스마를 보여 주는 상어!

제가 들어오니까
먹이를 주는 줄
알고 물고기들이
몰렸습니다.
배고파요!
아쿠아리스트분들은
청소용 스펀지와
솔을 들고 들어와서
주기적으로 물속을
청소하신대요.

솔로 수조
내부를 깨끗하게
문질러 줍니다.

쓱싹
쓱싹

상어나 다른 생물이
갑작스런 행동을 할 때
방어하기 위해
아쿠아리스트분께서

노란 막대를
들고 경계해
주셨어요.

상어 이빨은
정기적으로 빠져서
수조 바닥에는
이빨이 많이 떨어져
있대요!

한번
찾아볼게요.

어,
이건?

와, 드디어
샌드타이거샤크의
이빨을 찾았어요!

짜 안

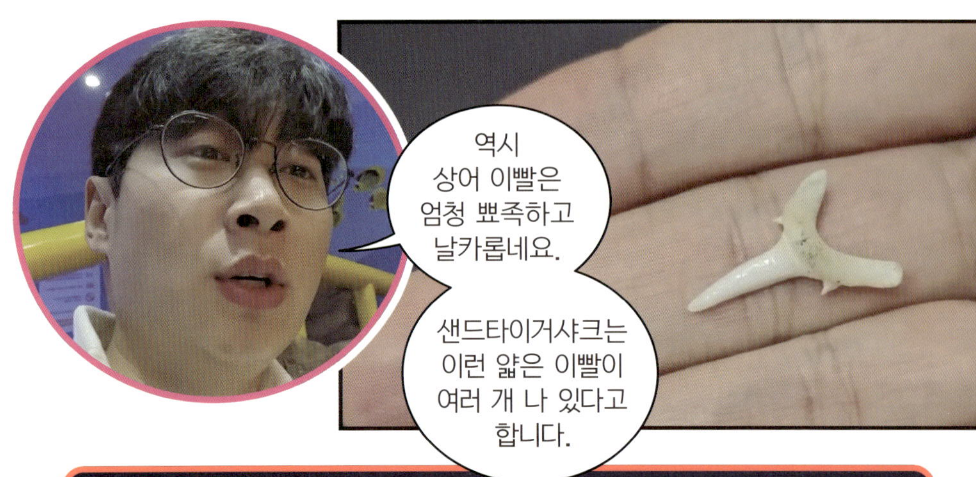
역시
상어 이빨은
엄청 뾰족하고
날카롭네요.
샌드타이거샤크는
이런 얇은 이빨이
여러 개 나 있다고
합니다.

얇고 긴 이빨을 가진
샌드타이거샤크.

여러분, 놀라운
사실은 상어마다
이빨의 모양이
다르다고 해요.
상어는 모두
비슷한 생김새의
이빨을 가진 줄
알았는데 정말
신기하네요~.

# 정브르의 생물 탐구

강, 바다, 연못 등 다양한 물속에는 물고기뿐만 아니라 파충류, 포유류, 곤충 등 신비하고 아름다운 생물이 살아가고 있어요.

영상으로 확인해 봐요!

★정브르의 생물 탐구★

**생물 이름 : 인도가비알**

인도가비알은 많은 개수의 이빨과 가늘고 긴 주둥이가 매력적인 악어예요. 주로 인도의 인더스강, 갠지스강 등 큰 하천에서 서식해요.

- 크기: 약 4~7m
- 먹이: 물고기
- 사는 곳: 큰 하천

★정브르의 생물 탐구★

**생물 이름 : 물범**

물범은 우리나라 천연기념물로, 물개와 비슷한 생김새를 가졌어요. 물개와 물범을 구분할 때는 귓바퀴를 보면 돼요. 귓바퀴가 있다면 물개, 없다면 물범이에요.

- 크기: 약 1~2m
- 먹이: 물고기, 갑각류 등
- 사는 곳: 바다

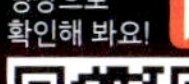

영상으로 확인해 봐요!

3화

# 브르, 회귀성 어류인 황어를 만나다!

오늘은 연어처럼 *회귀성 어류인 황어를 만나러 왔어요.

산란철에 황어는 *혼인색을 띠어서 몸의 색깔이 아주 아름다워요.

물고기들이 상류로 올라갈 수 있게 만든 어도.

**브린이를 위한 상식**

황어는 대부분 강에서 태어난 뒤 바다로 내려가 서식하는 물고기예요.
주로 동아시아 지역에 서식하며, 우리나라의 동해안에서도 쉽게 발견할 수 있지요.

우아!

파닥

파닥



*회귀성: 어류 따위가 다른 곳으로 이동해 살다가 산란을 위해 다시 태어난 곳으로 되돌아오는 습성.
*혼인색: 일부 동물의 번식기에 다른 성의 개체를 끌기 위해 나타나는 색이나 무늬.

다시 강으로 회귀하고 있는 황어입니다.

육지로 나오려고 할 정도로 그 수가 엄청 많아요.

안녕?

우리가 돌아왔어!

지금 거슬러 올라가는 거 보이세요?

물살을 가르며 올라가는 황어.

올라와서 저 강으로 나가는 거예요.

산란하기 위해 온 황어, 빛깔이 아름답죠?

연어는 산란 후에 죽지만, 황어는 산란 후에

다시 바다로 돌아가는 습성이 있어요.

나 귀엽지?

눈에 띄는 멋진 황금빛.

황어 떼가 아주 힘차게 산란 행위를 하고 있네요.

신비로운 생태계의 모습을 보다니 운이 좋은 것 같아요.

팔딱

팔딱

혹시나 돌에 막혀서
갇힌 친구들이 있으면
구출해 주려고 했는데,
모두 길을 잘
찾아간 것 같아요.
얼마나 힘차게
헤엄쳤는지 돌이
깔끔해졌습니다.

특이하게도
황어는 태어났던 곳의
물 냄새를 기억하고
되돌아온다고
해요.
내가 좀
똑똑해~.

어도
저기 보이는
구조물이 바로
어도입니다.
물고기가
급류를 타고 하류에서
상류로 올라갈 수 있게
만들어 놓은 물고기
길이에요.

저렇게 입구
부분을 좁게 해
두면 물살이
세지는데,
황어는 물살을
거슬러 올라가는
본능이 있기 때문에
이 길을 따라서 자연스럽게
올라갈 수 있도록 유도를
해 놓았어요.
좁은 입구

황어는
물살이 세도
잘 헤엄칩니다.
황어의 특성을
파악해서 길을 잘
만들어 놓았어요.
체계적인 어도의 구조.

황어가 급류를
올라갈 때 간혹 옆으로
뛰어내리기도 하는데,
다행히 다친 황어는
한 마리도 없어요.

*2차 담수어: 주로 민물에 살지만 바닷물에서도 잘 견디는 물고기.

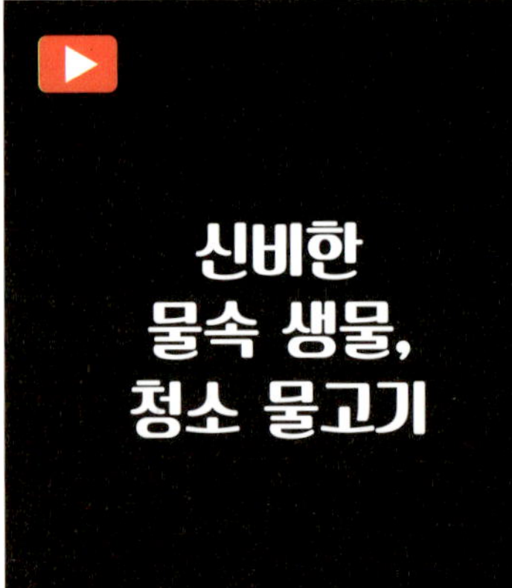
신비한
물속 생물,
청소 물고기

오늘은 이끼를 뜯어 먹어 수조 안을 청결하게 유지해 주는
청소 물고기 친구들을 만나러 갈 거예요.

와, 진짜 예쁘다. 이 친구도 청소 물고기입니다. 레오파드 무늬가 아주 선명하게 나타나 있는 친구예요.
브르 안녕?
레오파두스

반가워!
청소 물고기 중에서 일반적으로 많이 키우는 알비노 안시네요!
잎사귀에 있는 이끼 같은 것들을 갉아 먹어요. 이끼를 제거해서 수초가 광합성을 더 활발하게 할 수 있도록 돕습니다.

요즘은 어항 청소를 위해 청소 물고기를 큰 어항에 많이 넣는 추세예요.

냠냠

음, 맛있어~.

청소 중인 알비노 안시.

우아~ 아주 귀한 친구들이 여기 있었네요.

짜안

냠냠

거대한 청소 물고기 발견!

우아~
히포스토무스
루테우스라는
청소 물고기예요.
아주 멋있는 무늬를
가졌네요!
히포스토무스루테우스

이 친구는 주로
브라질, 우루과이,
아르헨티나에
분포하고 있어요.
우루과이
로사리오
Rosario
몸 크기는 약
50cm 정도 되는데,
여기서 조금 더
커집니다.

히포스토무스
루테우스 계열이
등지느러미가
굉장히 길고,
가슴지느러미가
넓어서 엄청난
존재감을 자랑하는
친구예요.
등지느러미

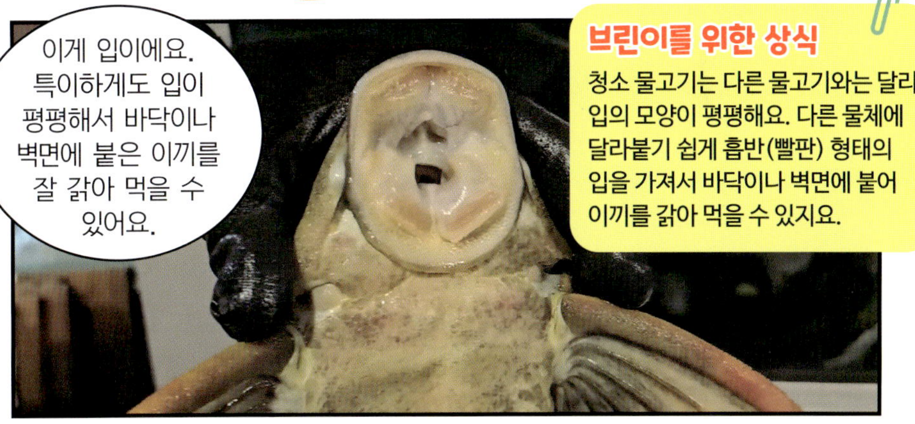


**브린이를 위한 상식**

청소 물고기는 다른 물고기와는 달리, 입의 모양이 평평해요. 다른 물체에 달라붙기 쉽게 흡반(빨판) 형태의 입을 가져서 바닥이나 벽면에 붙어 이끼를 갉아 먹을 수 있지요.

청소 물고기는 다양한 종으로 나뉘어 있고, 계속 새로운 종이 발견되고 있어요.
그래서 이렇게 종을 분류하는 책이 출간되기도 했어요.
잘 정리되어 있는 어종 관련 책.

여기 보시면 종에 따라서 넘버로 표시가 되어 있어요.
S43014-2 L014 Scobinancistrus aureatus BURGESS, 1994
DATZ 3/89: 174
이 친구들은 입이 흡반 형태로 되어 있는데, 입의 모양에 따라 종이 구분돼요.
입

이 친구는 청소 물고기 종류 중에 안시라는 종으로 안시종 중에서도 대형급이래요. 아주 거대하네요!
무시무시한 청소 물고기.

*원종: 품종에 대해 본래의 성질을 가진 종자.

지금 막
한국에 도착한
친구들이래요!

역시 여기도
종마다 넘버가
적혀 있네요.
L519
×
6

이 친구는
임페리얼타이거예요.
무늬가 매력적이고
아주 귀엽네요.
청소 물고기는
대부분 남미에
서식한대요.
앙 증
임페리얼타이거

그 외에도
정말 다양한 종의
청소 물고기가
많이 있네요.
모든 친구들이
매력있는 생김새와
빛깔, 무늬를
가졌어요.
멀리서 왔는데
몸 상태도 건강하고
기분도 좋아 보여서
다행이에요~.
우리
귀엽지?
헤헷.

수조에 넣으니까 정말 예쁩니다.

나도 알아~.

광장히 다양한 청소 물고기를 만나 봤어요.

청소 열심히 할게요!

청소 물고기는 이끼만 먹는 게 아니라 전용 사료도 굉장히 잘 먹는다고 하네요.

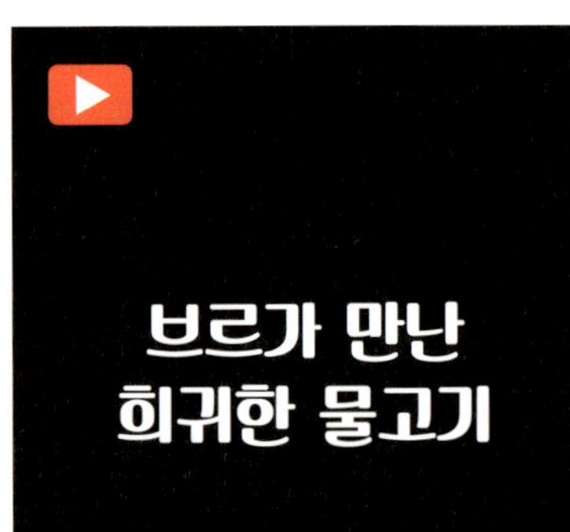

**브린이를 위한 상식**

기수란 바닷물과 민물이 섞여서 염분이 적은 물을 뜻해요. 주로 바다와 강이 만나는 강 하구 지역에서 만들어져요. 기수에서 서식하는 대표적인 기수어로는 숭어, 빙어 등이 있어요.

나
귀엽지?

가슴지느러미가 검고,
꼬리지느러미가
노란 게 넓적꼬리숭어의
특징이에요.

꼬리지느러미

가슴지느러미

일본에는
넓적꼬리숭어가
많이 살고
있어요.

일본에 오니라는
요괴가 있는데
이 친구의 가슴지느러미가
오니의 뿔을 닮았다고 해서
도깨비 숭어라는 뜻의
'오니보라'라고
불립니다.

넓적꼬리숭어에
얽힌 이야기가
신기하네요~.

**브린이를 위한 상식**

넓적꼬리숭어는 이름처럼 넓적하고 뭉툭한 꼬리지느러미를 가지고 있어요.
주로 따뜻한 열대 지역의 수심이 얕은 곳에서 서식하는 특징을 가지고 있지요.

골든아처피시
이 친구는 골든아처피시예요.
다른 아처피시에 비해서 주둥이가 조금 더 길고 무늬가 얼룩덜룩한 편이에요.

골든아처피시 성체 모습.

아처피시는 입안에 물을 모아서 멀리까지 쏠 수 있는 특이한 친구들이에요.
물 밖의 곤충 따위의 먹잇감을 발견하면 물총을 쏘듯 물을 뿜어서 떨어트려 사냥해요.
우리 물총 맛 좀 볼래?
저격을 할 수 있다니, 정말 신기하죠~?

우리나라에서 바다동자개라고 알려져 있는 친구도 있어요.

정식 명칭은 콜롬비아샤크캣피시 또는 아리옵시스 시마니라고 합니다.

바다동자개

반가워~.

이름처럼 콜롬비아에서 왔어요.

콜롬비아

쏠종개라 불리는 이 친구는 바닷가에서 사는 메기목인데 등지느러미에 가시가 있어요.

쏠종개처럼 바다동자개도 가시를 가지고 있습니다.

쏠종개

와,
에트로플러스
카나렌시스라는
물고기예요.
인도 남서부에
서식하는
아주 희귀한
생물이에요.
내 줄무늬
어때~?
에트로플러스카나렌시스
노란 몸 색깔에
독특한 모양의
줄무늬가 특징인
친구예요.

이 친구는
번식이 굉장히
어려운 종으로
알려져 있어서
인도에서는
번식을 시킬 경우
포상금과 지원금이
나올 정도예요.
우리를
보호해 줘!

거대한 크기를
자랑하는
토푸티토라라는
친구예요.
지금은
작은데 다 자라면
2m가 넘는 거대한
물고기예요.
토푸티토라
토푸티토라 성체 모습.

태국에는 잉엇과 중에서도 엄청 거대한 몸집을 자랑하는 자이언트카프라는 물고기가 있어요. 최대 약 3m까지 큰다고 하네요.
토푸티토라도 자이언트카프보다는 작지만 비슷할 정도로 커지는 특별한 물고기입니다.
자이언트카프

와, 눈에 있는 검은 점이 마치 마스카라가 번진 것 같다고 해서 마스카라 바브라고 불리는 친구예요.
마스카라바브
이름 외우기 참 쉽지?

약 15cm까지 자라는 중소형 잉엇과예요.
눈의 점 외에도 꼬리 부근의 점이 특징이지요.
우리 정말 멋지지?
너무 특이하고 특별하죠~?

물고기를 소개하는 책이 있어요.
여기 나오는 어종은 뉴기니아다트니오라는 희귀한 어종이에요.
뉴기니아다트니오
카쇼로다! 흔히 뱀파이어피시로 불리는 카쇼로는 날카로운 아랫니로 물고기 몸통을 관통시켜 죽인 후에 먹는다고 해요.
페슈카쇼로
Hydrolycus scomberoides
페슈카쇼로
도라도로 불리는 물고기예요. 현지명으로 황금이라는 뜻이에요.
이 책에는 아주 다양한 물고기가 있네요.
도라도
수조 구석에 디스커스가 숨어 있어요. 겁이 많다고 해요.
디스커스
무서워!
디스커스는 주로 남아메리카 아마존 강에 서식하고 있어요.
정말 예쁜 친구들!
이건 건조 실지렁이예요.
물고기 먹이인데, 먹이기도 편리하고 친구들이 정말 좋아합니다.
실지렁이

이렇게
벽에 붙일 수
있어요.
냠냠
밥이다!
나도
나도!
어느새 몰려든 친구들.

냠냠
냠냠
맛있어!
넓적꼬리숭어가
달려들어서 먹이를
먹고 있어요.
아주 귀여운
친구들이네요~.

귀염
고마워!
사람 손도
무서워하지
않아요.
파닥
파닥
정말 귀엽고 예쁘죠?

# 정브르의 생물 탐구

물고기 중에는 태어났던 곳으로 되돌아오거나 수면과 해저를 오가는 등 특이한 특징을 가진 물고기도 있어요.

영상으로 확인해 봐요!

★정브르의 생물 탐구★

**생물 이름: 연어**

연어는 깊은 바다에서 살아가다가 산란기가 되면 태어났던 강으로 되돌아가는 회귀성 어류예요. 산란기에는 암컷과 수컷 모두 혼인색을 띠지요.

- 크기: 약 60~80cm
- 먹이: 물고기, 갑각류 등
- 사는 곳: 깊은 바다

★정브르의 생물 탐구★

**생물 이름: 대구**

한국, 일본, 미국 등지에 분포하는 대구(大口)는 이름에 한자 '큰 대'와 '입 구'자를 써요. 그만큼 커다란 입을 가지고 있는 심해어지요. 커다란 입으로 오징어, 문어, 새우 등 다양한 생물을 잡아 먹어요.

- 크기: 최대 약 1m
- 먹이: 물고기, 갑각류 등
- 사는 곳: 연안

영상으로 확인해 봐요!

4화

# 토종 민물게, 나주게를 발견하다!

찾았다!

잡혔다!

우리나라
토종 나주게입니다.
암컷이에요.

암 컷

나주게

**브린이를 위한 상식**

나주게는 일본에 서식하는 사와가니와 비슷한 생김새 때문에 자주 오해 받고는 해요. 하지만 나주게는 우리나라의 토종 민물게로, 사와가니와는 다른 종으로 분류되지요.

*자생하다: 저절로 나서 자라다.

여기에 작은
이끼가 풍부한데,
나주게들이 이끼를
굉장히
좋아합니다.
이끼
물이끼도
나주게에게 좋은
먹이입니다.
물이끼

주변에
나무가 많아서
나뭇잎도 많아요.
물속으로 떨어지는
나뭇잎을 즐겨
먹는다고 해요.
안타깝게도
이 근방에서
나주게를 잡아먹는
미국 가재가
발견되었다고
해요.
나주게가
우리나라 토종 생물이고
일부 지역에만 서식하기 때문에
미국 가재와 같은
외래종으로부터 지켜 주는
것이 중요해요.

스윽
겨울에는 돌이나
굴에 들어가서
동면해요.
동면에서 깨면
산란 준비를
합니다.

탈피한 지 얼마 안 된 나주게.

서식지에 꼭 필요한 자갈과 모래.

**브린이를 위한 상식**

주름돌기개구리라고도 불리는 옴개구리는 등면이 작은 돌기로 덮여 있어요. 주로 평지나 얕은 산지에 서식하며 두꺼비처럼 독을 가지고 있어요.

**브린이를 위한 상식**

나주게는 강과 같은 민물에 서식하는 민물게로, *담수 생물에 속해요. 생활과 번식을 모두 담수에서 하며, 작은 수서 곤충이나 수초를 먹으며 살아가요.

*담수 생물: 민물에 서식하는 모든 생물.

나주게의 가장
특이한 점은
알에서 바로 *치게로
전환하는 번식
방법입니다.

보통
도둑게와 같은
생물들은
알에서 몇 단계의
탈피 과정을 더 거친
다음에 치게가
되는데요.
나주게는
단계를 생략하고
바로 알에서 치게가
되는 독특한 번식
방법을
가졌습니다.

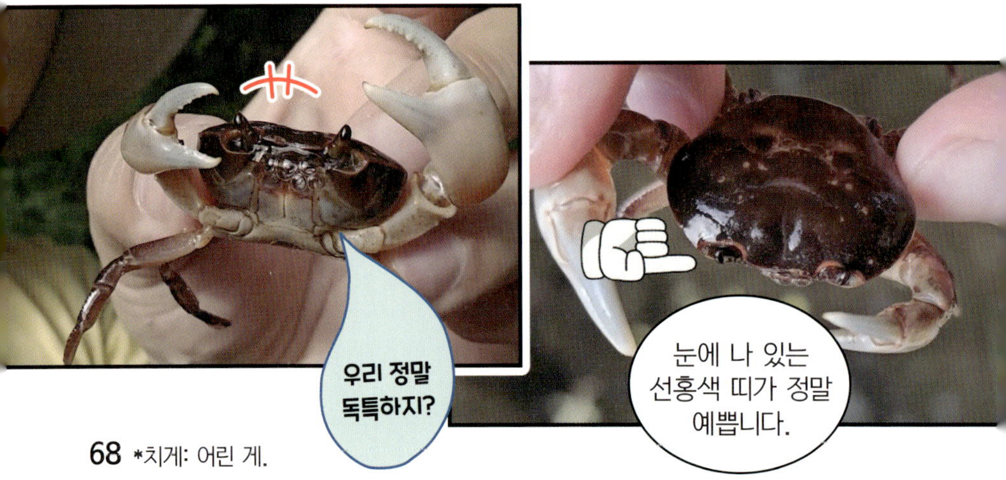
우리 정말
독특하지?
눈에 나 있는
선홍색 띠가 정말
예쁩니다.

*치게: 어린 게.

배가
파란색인 게 암컷이
알을 품고 있는 것
같아요.
번식을 하면
한 마리가
최소 약 20마리,
최대 약 50~70마리를
번식할 수 있다고
합니다.

몸 색깔이
옅은 나주게도
있습니다.
투닥
저리 가!
영역 다툼을
하나 봐요.
그만 싸우렴~.
투닥

미국 가재들이
이곳에 서식 중인 것 같은데
그 말은 즉, 이 나주게들이
밀려서 없어질 수도 있다는
뜻이에요.
우리를
보호해
줘!
우리나라
토종 민물게가
많이 보존되고
유지되었으면
좋겠습니다.

가재는 야행성이라 채집은 낮보다 야간에 하는 게 더 좋습니다.

물이 바로 마셔도 될 정도로 깨끗하고, 주변에 이끼도 많습니다.

가재가 살기 좋은 환경.

해외에 술카투스라는 파란 가재가 있어요.

색이 정말 예쁘고 멋져서 인기가 많은 친구입니다.

술카투스

가재 굴이
정말 많습니다.
새끼
가재가 있네요.
아직 집게가 없어요.
멋진 가재로
자라렴~.
멋진
가재가
될게!
옆새우
돌을 들추니까
옆새우가 많이
나오네요.
가재가
좋아하는 먹이
중 하나예요.
육지에서
떨어진 나뭇잎도
가재의
먹이예요.
알을 품은
가재를
발견했어요.
건강하게
잘 산란하렴~.
새끼들
잘
키울게!

*계류: 산골짜기에 흐르는 시냇물.

우리나라 토종 참가재 수컷이에요.
이것보다 최대 두 배 더 커집니다.
들켰다!
덥석
이거 놔!
버둥
버둥

다른 수컷 가재를 잡았는데 양쪽 집게 크기 차이가 보이시나요?
잘렸다가 재생되는 중이에요.
확연히 보이는 집게 크기 차이.

기생충
이 친구 집게에 기생충이 붙어 있어요. 기생충이 있을 수 있으니, 절대 잡아서 먹으면 안 됩니다!
두둥
우아~ 찾았다!

**브린이를 위한 상식**

가재는 게처럼 아가미가 젖어 있을 때에는 물 밖에도 돌아다닐 수 있지만, 아가미가 마르지 않도록 주의해야 해요. 종에 따라 민물, 바다 등 다양한 지역에서 서식하지요.

이 파란 몸
색깔 좀 보세요.
너무 멋있는 것
같아요.
색깔이 너무 예쁘네요!

가재는 낙엽도
좋아한대요.
가재가 나뭇잎을
먹는 것이
신기하네요~.
낙엽의 겉에 있는
미생물이 물에 퍼져
물이 깨끗하게 유지가
된다고 해요.
스윽

같은 가재인데도
몸 색깔이 확연하게
다르죠?
주변 환경에
의해 몸 색깔이
변한다는 추측도 있고,
유전이라는 추측도 있어요.
자연의 세계는 정말
신비롭네요.
귀 염
다음에
또 만나!

이 길목에서
관찰하다가 생물이
보이면 뜰채로
잡을 거예요.

촤앗

어떤 친구들이 잡혔을까요?

새끼
우럭이에요!

잡혔다!

우럭

등에
가시가 있어서
조심해야 해요.

뾰족

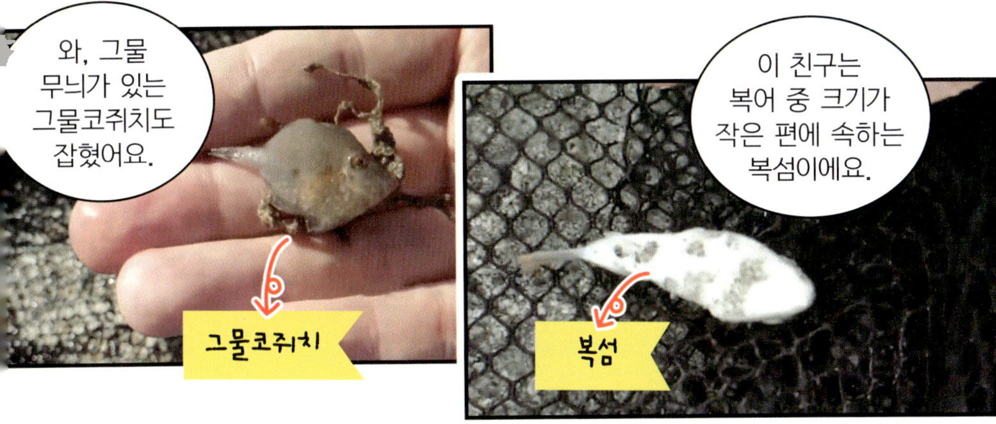
와, 그물
무늬가 있는
그물코쥐치도
잡혔어요.
그물코쥐치
이 친구는
복어 중 크기가
작은 편에 속하는
복섬이에요.
복섬

우아~
이 친구는 등지느러미에
가시가 많아요.
아주 멋있네요.
정말 다양한
생물 친구들이
뜰채 안으로 들어와
주었어요.

또 잡았어요!
신비한 물고기를
이렇게 많이 잡을 수
있어서 행복해요.
이 친구는 몸에
아름다운 무늬를
가지고 있네요.
아마 흑대기로
추정이 돼요.

 *육아낭: 새끼를 넣어 기를 수 있는 주머니.

**브린이를 위한 상식**

뿔물맞이게는 주로 해안선의 맑은 물이나 암초지대에 서식해요. 등에 돌기가 있으며, 암컷보다 수컷의 돌기가 더 강하고, 집게다리도 더 커요.

와,
불가사리가
잡혔어요!

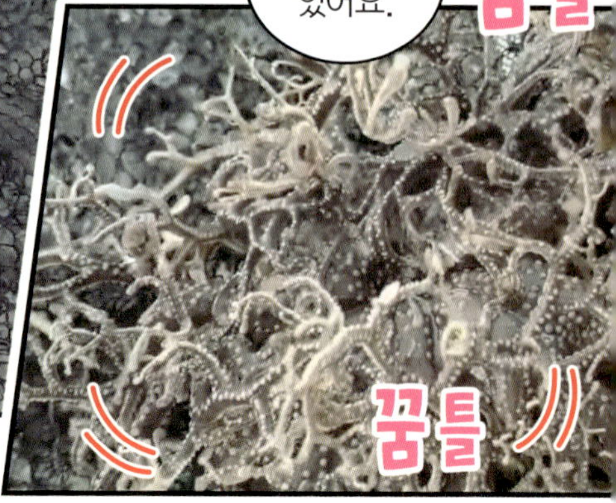

움직이고
있어요.

꿈틀

꿈틀

다리의 개수가
많아 보여서
삼천발이라고
불려요.

실제로는
다섯 개의 다리가
열 갈래 정도로 갈라져
많아 보이는 거래요.
정말 신기하게
생겼죠?

꿈틀

삼천발이

꿈틀

**브린이를 위한 상식**

삼천발이는 거미불가사리 중 하나예요. 발이 삼천 개가 달렸다고 해서 삼천발이라고 불리지만, 실제로는 일반 불가사리와 똑같이 5개의 발을 가지고 있어요. 발이 잘게 갈라져 있어서 삼천 개처럼 보이는 것이지요.

# 정브르의 생물 탐구

사람의 발톱과 손톱이 깎이거나 뽑혀도 다시 재생되는 것처럼 신체 일부가 잘리거나 심한 상처를 입어도 재생되는 신비한 생물이 있지요.

**★정브르의 생물 탐구★**

**생물 이름: 불가사리**

바닷속에 서식하는 불가사리는 주로 5개의 팔을 가지고 있으나, 종에 따라 더 많은 팔을 가진 개체도 있어요.
오각형 혹은 별 모양이며 조개, 달팽이 등의 작은 생물을 먹어요.

## ★특이하고 놀라운 재생 능력★

불가사리는 몸이 잘려도 죽지 않고 다시 재생하는 능력을 가지고 있어요. 불가사리처럼 재생 능력을 가진 대표적인 생물로는 해삼과 도롱뇽이 있지요.

해삼과 도롱뇽 또한 신체의 일부가 잘려도 재생이 가능한 생물이에요. 또한 해삼은 외부로부터 위협을 느끼면 내장을 쏟고 도망가는 데 내장도 재생이 돼요.

해삼

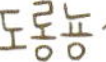

# 브르의 물속 동물 탐구 노트-②

## 별별 물속 동물 상식

먹이가 풍부한 해역에 서식하는 범고래는 높은 지능과 뛰어난 신체 능력으로 '바다의 포식자'라는 별명이 있어요. 등 위로 높게 솟은 등지느러미가 특징이며, 여러 마리가 함께 무리 생활을 해요.

생물 이름: 범고래

생물 이름: 대왕쥐가오리

만타가오리라고도 불리는 대왕쥐가오리는 가오리 중에서도 거대한 크기를 가진 종이에요. 돌출된 머리 지느러미와 삼각형 모양의 가슴지느러미가 특징이며, 주로 열대, 아열대, 온대 지역의 바다에 서식해요.

개복치는 좌우로 납작하게 눌린 듯한 몸이 가장 큰 특징인 물고기예요. 온대, 열대 지역에 서식하며, 바다의 수면부터 깊은 수심까지 넓은 범위를 오가며 생활해요.

생물 이름: 개복치

생물 이름: 앵무고기

머리와 돌출된 이빨의 생김새가 앵무새의 부리를 닮았다고 하여 앵무고기라는 이름이 붙었어요. 앵무고기는 대부분 초식성이며, 약 80여 종이 살고 있는 것으로 알려졌어요.

갈매기는 주로 바다, 호수 등 물가에 서식하는 물새예요. 물갈퀴가 달린 발이 특징이며, 몸길이는 약 40cm이지요. 잡식성으로 물고기, 벌레, 열매 등 다양한 먹이를 먹어요.

생물 이름: 갈매기

생물 이름: 소금쟁이

소금쟁이는 물 위를 걸어 다니는 특이한 곤충이에요. 하천, 연못 등 비교적 고요한 물에서 생활하며, 물 위에 떨어진 곤충이나 죽은 물고기의 체액을 빨아 먹어요.

# 특이한 바다 생물 잎갯민숭이의 정체?!

여러분~, 오늘은 특이한 바다 생물을 소개해 드리려 해요.

나랑 놀자~!

그 전에 이 친구 좀 보세요! 흔히 니모라고 불리는 흰동가리예요. 하얀 줄무늬가 아주 귀엽네요~.

흰동가리

**브린이를 위한 상식**

말미잘은 촉수에 찌르는 기관인 자포를 가지고 있는 동물이에요. 독을 지닌 자포를 이용해 먹잇감을 사냥하고 자신을 지켜요. 하지만 같은 자포동물인 해파리와 달리 물속을*부유하지 않고, 바닥에 붙어서 생활하지요.

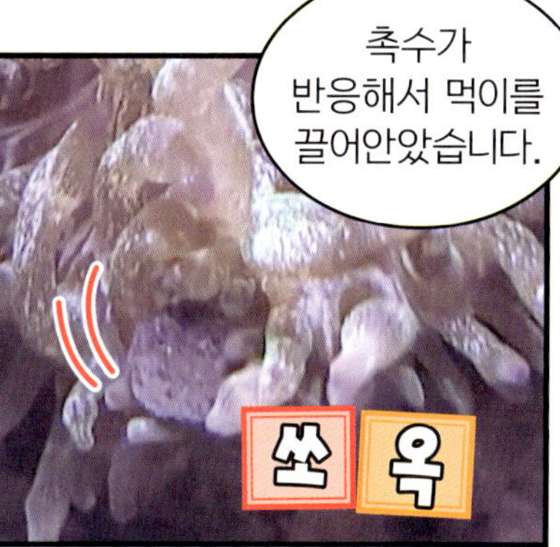

*부유: 물속, 물 위 혹은 공기 중에 떠다님.

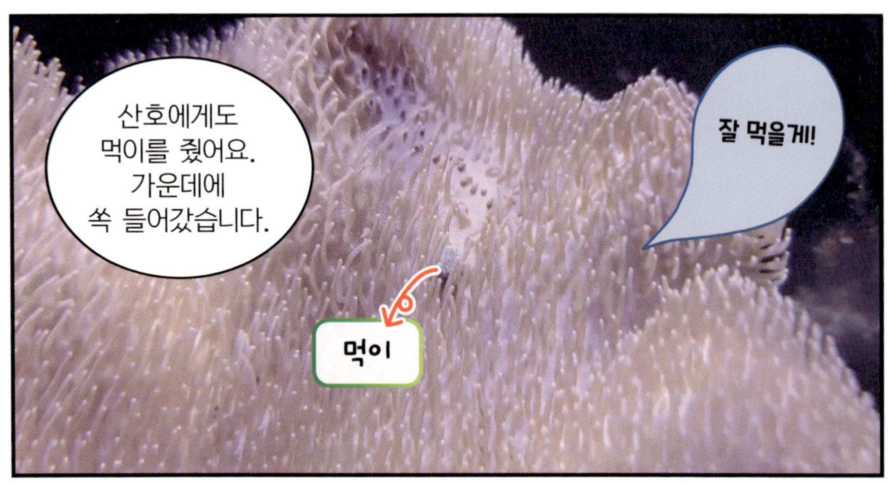
산호에게도
먹이를 줬어요.
가운데에
쏙 들어갔습니다.
잘 먹을게!
먹이

이 친구는
잎갯민숭이입니다.
해파리와 비슷한 생김새를
가졌지만 갯민숭이류에
속하는 생물이에요. 주로
우리나라 남해 연안에서
발견된다고 합니다.
잎갯민숭이
안녕!
이 친구는 비교적
크기가 작은 편이에요.
온몸을 쫙 펴도
성인 손가락 두 마디
정도밖에 안 되네요.

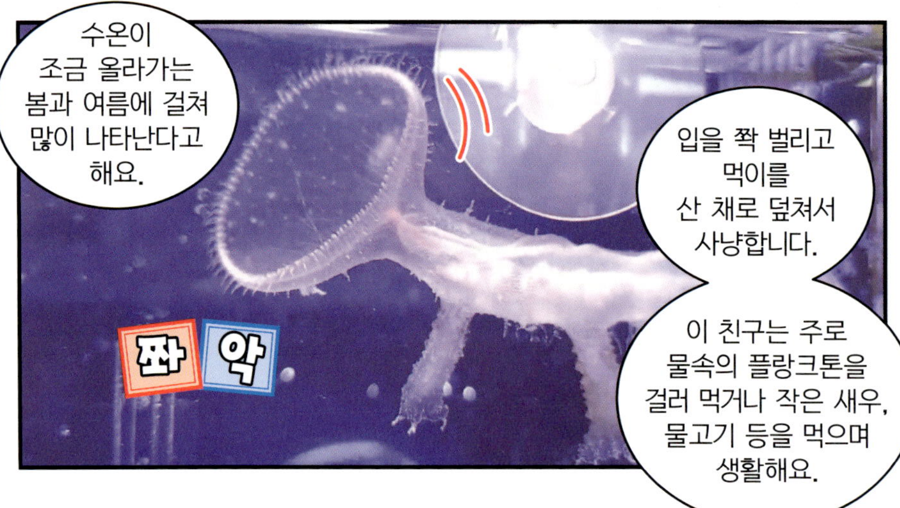
수온이
조금 올라가는
봄과 여름에 걸쳐
많이 나타난다고
해요.
짜악
입을 쫙 벌리고
먹이를
산 채로 덮쳐서
사냥합니다.
이 친구는 주로
물속의 플랑크톤을
걸러 먹거나 작은 새우,
물고기 등을 먹으며
생활해요.

몸의 색깔이
옅어서 신체 구조가
더 자세히
보이네요!
물속은 넓고
깊어서 신비한
생물이 많은 것
같아요.
정말 독특하게 생겼죠?

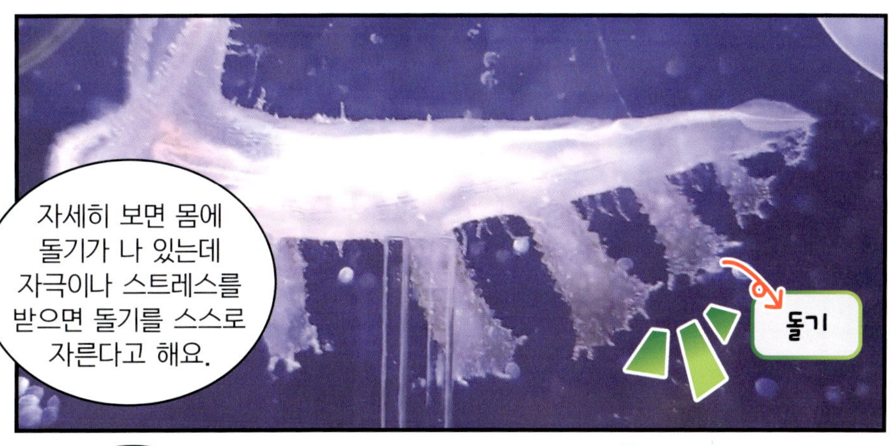
자세히 보면 몸에
돌기가 나 있는데
자극이나 스트레스를
받으면 돌기를 스스로
자른다고 해요.
돌기

체리새우와
구피를 먹이로
줘 볼게요.
밥 먹자~.
밥이다!

잎갯민숭이가
바로 입을 벌리면서
사냥을
시작했습니다.
짜악

먹이를
포착하자
움직임이 활발해
졌어요.
어디 보자.
휘익
덥석
잡았다!

새우를 산 채로
삼켜 버렸어요!
몸 사이로 새우가
움직이는 게
보입니다.
신기하게도
다른 생물처럼 먹이를
기절시키거나 독으로
마비시키지 않고
산 채로 삼켜요.
잡혔다!

밥
주세요!
잎갯민숭이가 먹이를
완전히 삼킬 때까지
기다리면서 흰동가리
친구에게 먹이를
줘 볼게요.

와, 흰동가리에게
먹이를 주는 동안
몸을 자유롭게
움직이면서 새우를
삼키고 있었어요.
자유자재로 움직이는 몸.

새우가 이제 막
내장 기관으로
넘어갔습니다.
그곳에서 소화가
될 거예요.
소화가 되고 있는 새우.

입을 계속
크게 벌리는 걸
보면 아직 배가
고픈 것 같아요.
아직 사냥
안 끝났어!
와앙~

으악!
휘익
덥석
순식간에
머리를 돌려서
사냥에
성공했습니다.

바로 옆에
겁 없는 새우가
아무것도 모르고
근처를 돌아다니고
있어요!
나 잠깐
지나갈게~.
먹이를 포착한 잎갯민숭이.

자연에는 잎갯민숭이 외에도 굉장히 다양하고 멋진 갯민숭달팽이가 살고 있어요.

흥미롭게도 갯민숭달팽이와 잎갯민숭이는 모두 연체동물이며 *복족강이래요! 닮은 점이 참 많죠?

신기하고 재밌는 생물이 가득한 자연!

*복족강: 연체동물문의 한 강.

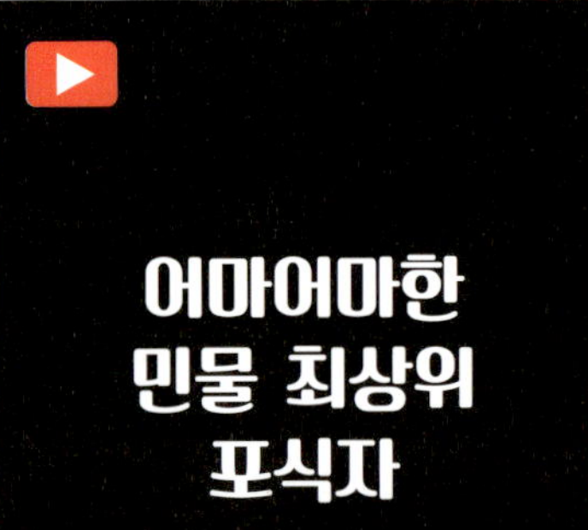

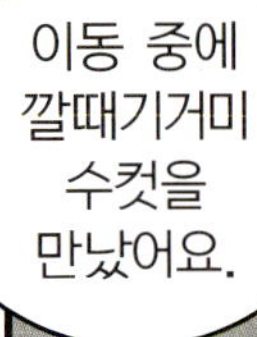

가물치는 민물고기 중에서 최상위 포식자에 속하는데요.

크기도 크고 힘도 아주 센 친구예요. 민물에 왔으니 가물치는 꼭 보고 싶네요.

과연 오늘 만날 수 있을까요?

물이 조금 흐려서 잘 보이지 않아요.

아무것도 보이지 않는 물속.

와, 꽤 많은 친구들이 잡혔어요!
가
득
잉엇과의 민물고기인 참마자입니다. 주둥이가 긴 것이 특징이에요.
참마자
또 다른 친구가 잡혔어요. 손으로도 잘 잡혀요.
덥
석
나는 누구게~?
모래무지다! 강의 모랫바닥에 사는 민물고기예요. 최대 약 25cm까지 큰다고 해요.
모래무지
고마워!
위에서 보면 이런 모습이에요. 무늬가 예쁘네요.

또 모래무지를
잡았어요.
이 친구는
우리나라의 서해나
남해 쪽으로 흐르는
강에 많이 산다고
해요.
파닥
파닥

먹이를 많이
먹었는지 꽤
통통하네요.
놓아주세요.

여기 가물치가
있는 것 같아요!
촤악

놓쳤습니다….
오늘 가물치를
잡을 수
있을까요?
어,
이건?
덥석

아, 안녕?
붕어다!
붕어 또한 잉엇과의 민물고기로 대부분 등은 황갈색이고 배 부분은 누르스름한 은백색을 띠어요.
붕어

갑자기 나타난 거대한 형체!
여기 지나가는 거대한 생물 보이시나요? 어마어마한 가물치가 있을 것 같아요.

짜잔
또 다른 친구를 발견했는데, 가물치 새끼예요. 크기는 약 20cm로 아주 작은 편이에요.

**브린이를 위한 상식**

가물치는 연못이나 저수지와 같은 민물에 서식하는 물고기로, 최대 1m까지 자랄 수 있어요. 어린 시기에는 작은 물고기를 잡아먹으며 집단생활을 하지만, 성장하면서 집단을 떠나 단독 생활을 해요.

앗! 이게 뭐지? 물속에 줄이 있어요.

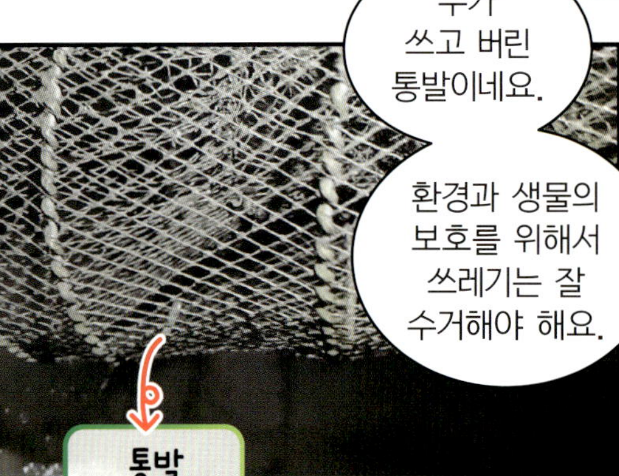


물속이 다 보일 정도로 물이 맑은 곳으로 이동했어요.

가물치다!
나
찾았어?
두둥

물이 맑으니
물속 생물의 모습이
자세하게 보입니다.
딱 봐도 엄청
큰 친구예요.
성체 가물치를
만나다니
운이 아주 좋은 것
같아요.

잡았다!
나 엄청
크지?
촤악

아까 새끼와는
비교가 안 될 정도로
거대합니다.
가물치
영역 싸움을
했는지 상처가
있어요.
빨리 회복이
되었으면
좋겠네요.
어? 여기
무언가가
있어요.
슥
이 친구도
같이 잡혔어요.
가물치와 비교하니
정말 작습니다.
앙증
물을 찾아서
이동하고 있어요.
가물치는 갯벌 바닥이나
물 바깥에서도 잠시 동안
살 수 있다고 해요.
신비한
친구네요~.
휙
휙
물
어딨어!
브린이를 위한 상식
가물치는 아가미 외에도 공기 호흡을 할 수 있는 보조 호흡 기관을 가지고 있어요. 그래서 온도가 높아 산소가 부족한 물에서도 서식하고, 육지에서도 일정 시간 동안 살 수 있지요.

또한, 부패된 더러운
물이나 탁한 물에서도
살 수 있다고 해요. 역시
최상위 포식자다워요.
내가
최고야!

고대어
피라루쿠랑
비슷하게
생겼어요.
한번
들어 볼게요.
덥석

거대
우아~ 이게 바로
어마어마한 민물의
최상위 포식자
가물치입니다.
묵직하네요!

이곳에서
거대 가물치를
잡다니
갑격스럽네요.

정말 크고
두껍습니다.

길이를
재 볼게요.
과연 가물치의 길이는?

와, 머리부터
꼬리까지
74cm나 됩니다.
오늘
거대 가물치를
만날 수 있어서
정말 좋았어요.
엄청난 길이의 가물치.

## 정브르의 생물 탐구

서로 돕고 협력하는 것을 공생이라고 해요.
세상에는 서로 공생하며 살아가는 다양한 생물이 있지요.

영상으로 확인해 봐요!

**★정브르의 생물 탐구★**

**생물 이름 : 가는손부채게**

가는손부채게는 양 집게에 말미잘을 하나씩 들고 다녀요. 주로 독성이 있는 말미잘을 사용해 말미잘의 독으로 천적이 다가오지 못하게 막지요. 말미잘 하나를 잃어버렸을 땐 다른 하나를 찢어서 양손에 들어요.

### ★서로 도우며 살아가는 동물★

공생에는 서로를 도와 두 생물이 모두 이익을 얻는 상리 공생이 있어요. 대표적인 상리 공생으로는 말미잘과 흰동가리가 있지요.

흔히 니모라고 알려진 흰동가리와 말미잘은 떼어낼 수 없는 공생 관계예요. 말미잘은 흰동가리에게 숨을 수 있는 보금자리를 내어 줘요. 또한, 흰동가리는 포식자를 유인해서 말미잘에게 먹이를 제공해 주지요.

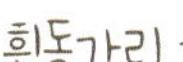

# 브르, 하천 안에서 외래종을 발견하다!

오늘은 '구피천'이라 불리는 곳에 탐색을 왔어요. 이곳에는 불법적으로 버려진 구피가 많은 곳이라 '구피천' 이라 불린다고 합니다.

저는 대중적으로 구피라 부르지만 사실 올바른 한글 표기는 거피예요.

동사리 새끼다! 이 친구는 우리나라 *특산종이에요.

즐거운 저녁이에요~.

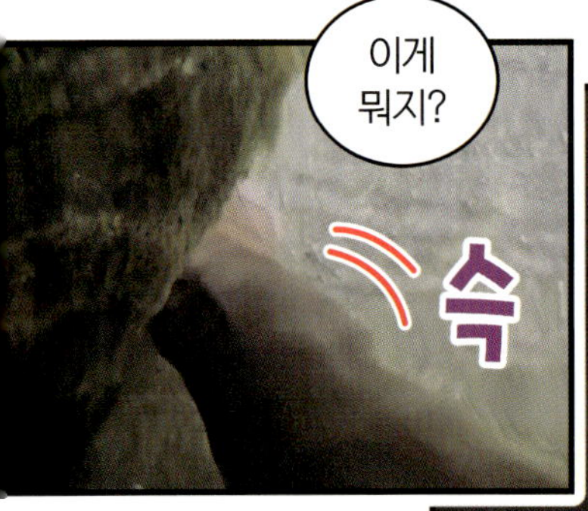


안녕?

아…. 누군가가 방생한 청소 물고기 종류예요. 이미 이 곳에는 이런 외래종이 굉장히 많다고 해요. 정말 안타까운 상황이에요.

**브린이를 위한 상식**

원래 우리나라에서 서식하지 않던 물고기가 발견되는 이유는 바로 방생 때문이에요. 사람들이 멋대로 방생한 물고기가 새로운 환경에 정착한 것이지요. 외래종의 방생은 우리나라 생태계를 위험하게 만들 수 있어요.

*특산종: 어떤 지역에 특별히 나는 종.

가슴지느러미를
움직이면서 마치
뼈를 비비는 것 같은
소리를 내고 있어요.
실제로
잡고 있는
손에 진동이
느껴져요.
빠각
빠각
독특한 소리를 내는 친구.

이곳에는
색깔도 무늬도
다양한 구피 친구들이
정말 많아요.
구피

나
예쁘지?
앙증
와, 황금색
구피도 있네요.

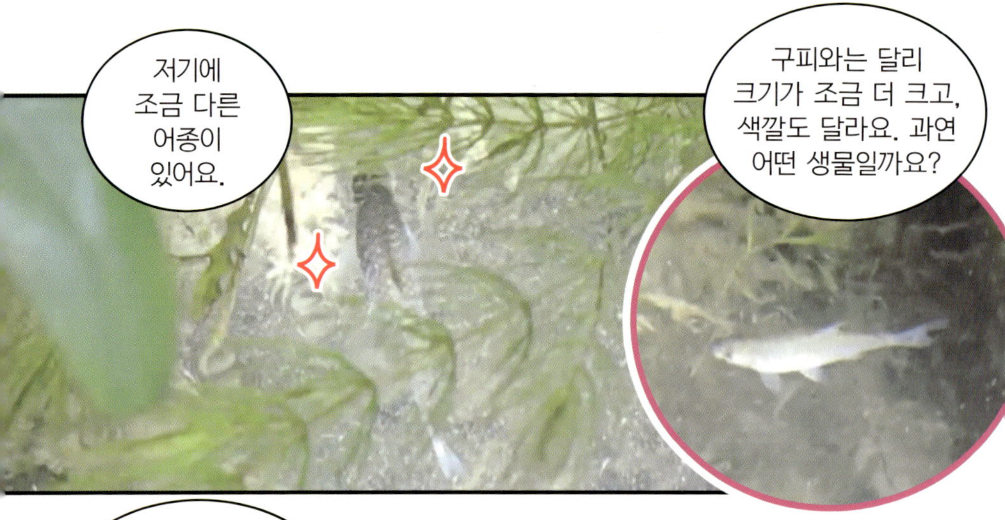
저기에
조금 다른
어종이
있어요.
구피와는 달리
크기가 조금 더 크고,
색깔도 달라요. 과연
어떤 생물일까요?

앗! 이 친구도
우리나라 민물고기는
아니에요. 아마존에서
봤었던 열대 생물인데 왜
여기에 있을까요….
이 친구는
눈이 붉은색을
띠고 있는 것이
매력적이네요.
불법적으로
방생이 된 친구라 정확한
종은 알 수 없지만
남아메리카에 서식하는
몽크호샤와 특징이
비슷한 것 같아요.

눈이 정말
붉네요.
입은 피라냐랑
비슷하게
생겼어요.
브르가
왔다!

와, 이 친구도
청소 물고기 중에
하나인데, 크기가
정말 큽니다.
함부로 만지다가
가슴지느러미랑
등지느러미에
찔릴 수 있으니
조심해야 해요.

우리나라에서는
보기 힘든 독특한
친구들이 정말
많이 있어요.

이번엔
구피를
잡아 볼게요.
촤앗
바글 바글
뜰채에 가득 잡힌 구피!

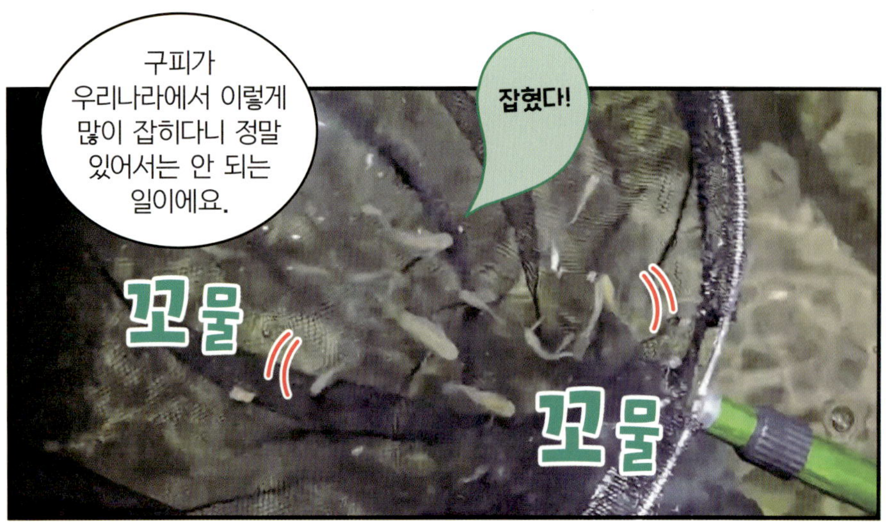
구피가
우리나라에서 이렇게
많이 잡히다니 정말
있어서는 안 되는
일이에요.
잡혔다!
꼬물
꼬물

희귀한 알비노부터
화려한 몸 색깔을 가진
구피가 가득합니다.

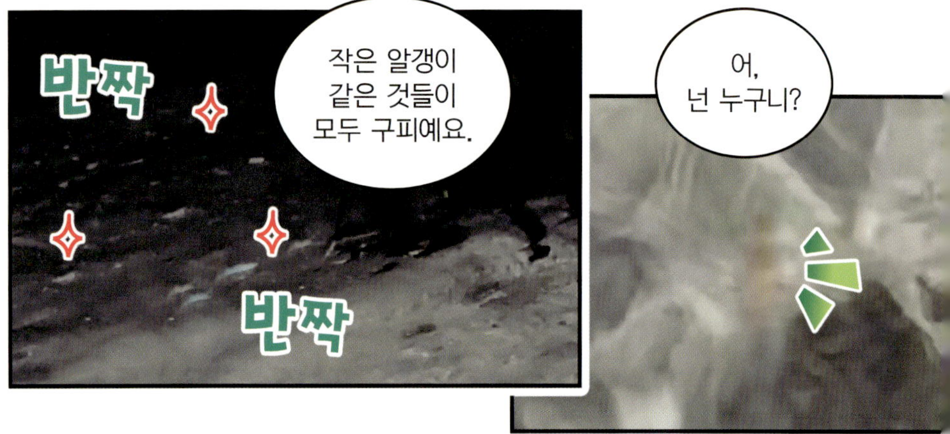
반짝
작은 알갱이
같은 것들이
모두 구피예요.
반짝
어,
넌 누구니?

잡아 볼까?
스윽
촤악
잡았다. 정말 작네.

열대어 종류의 어류 같아요. 주황빛이 도는 몸 색깔이 아주 귀엽네요.
여기는 좀 추운 것 같아!

반려 생물을 함부로 방생하지 마시고,
소중한 생명을 끝까지 책임져 주세요.
우리를 버리지 말아 줘!
책임감 있는 생물인이 됩시다!

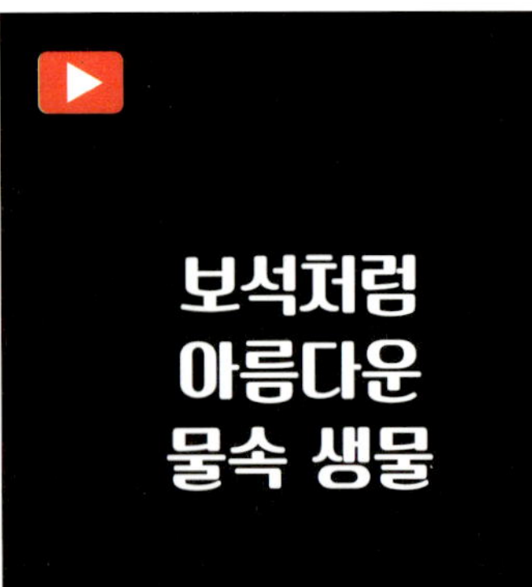
보석처럼
아름다운
물속 생물

오늘은
우리나라에 사는
보석 같은 물속 생물을
보여 드릴게요.

촤악
어떤 생물이 잡혔을까?
미꾸라지예요.
우리나라 토종은
색깔이 더 화려하고
진합니다.
미꾸라지

우리나라
토종 민물고기도
잡혔어요.
너무 귀엽죠?
브르
안녕!

**브린이를 위한 상식**

버들붕어는 우리나라의 토종 민물고기예요. 주로 늪이나 연못과 같이 물이 고여 있는 곳에서 서식하지요. 특이하게도 산란기가 되면 수컷이 거품을 내어 동그란 거품집을 만들고 암컷을 유인해요.

## 브린이를 위한 상식

미꾸리와 미꾸라지는 생김새가 아주 비슷해요.
이 두 생물은 수염과 몸의 모양으로 비교할 수 있는데,
미꾸리가 미꾸라지에 비해 수염이 짧고 비교적 몸이
더 둥글어요.

화려한 색깔과 생김새 때문에 외래종 물고기를 많이 키우시는데, 버들붕어의 아름다운 색깔과 무늬를 좀 보세요~.
반짝
반짝
우리나라 토종 민물고기도 외래종 못지않게 예뻐요.
버들붕어
아래 사진은 구라미 친구들인데요. 예쁘고 화려하죠?
버들붕어와 구라미는 친척뻘이에요.
여기 화상벌레가 있어요.
들켰다!
화상벌레의 독이 손에 묻으면 굉장히 아픕니다. 조심해야 해요.
건들면 다쳐!
화상벌레

우아~
거머리가 물고기를
흡혈하고 있어요.

거머리

토종
미꾸라지가
또 잡혔네요.

미꾸라지

엄청 큰
황소개구리
올챙이예요.

거대한 크기의 올챙이.

뒷다리가
조금 나왔네요.
황소개구리가
많이 살고 있다니
걱정이에요.

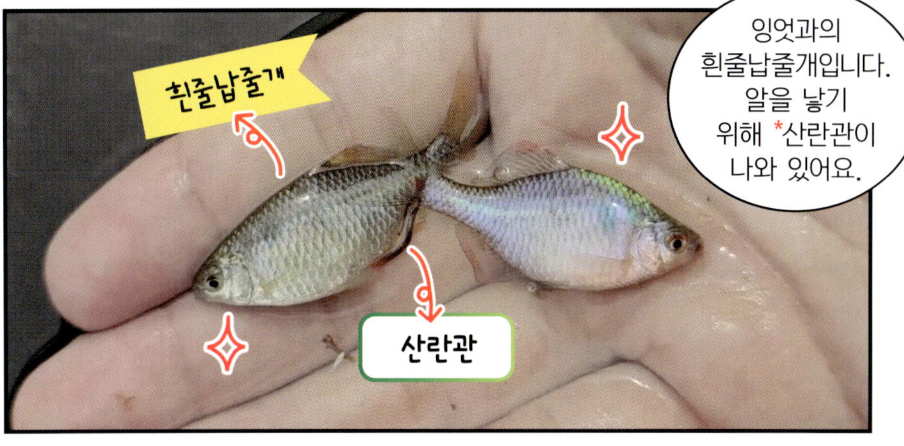


*산란관: 곤충류 따위가 알을 낳는 기관.

몸이 옆으로 납작한
납지리라는 친구예요.
무늬, 점, 색깔이
정말 뚜렷합니다.
납지리

귀여운
친구들이
많네요.
피라미
앙 증
귀 염
점줄종개

지금 열심히
다른 생물도
찾고 있는데 또 어떤
친구들이 나올지
기대가 되네요!
두 근
두 근

*각시: '아내'를 달리 이르는 말.

버들붕어

처음 잡았을 때랑 색깔이 조금 다르죠? 버들붕어는 특이하게도 주변 환경에 따라 색이 바뀐다고 해요.

색이 조금 바뀌긴 했지만, 정말 아름다운 몸 색깔을 가진 물고기입니다.

혼인색이 올라온 모습.

주변의 하얀색에 맞춰서 색이 빠진 민물고기.

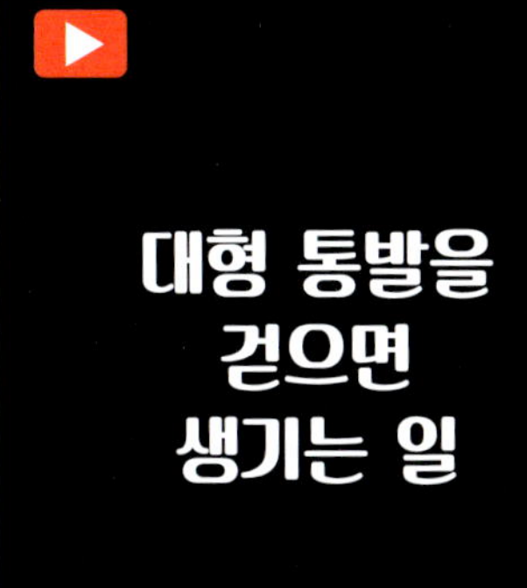
대형 통발을
걷으면
생기는 일

한탄강에
설치해 놓은
통발을 걷으면
어떤 어종들이
나올까요?

어부님이 미리
잡아 놓은 쏘가리예요.
오늘 통발에도
이 친구가 있었으면
좋겠어요!

자, 그럼
통발을 걷으러
가 볼까요?
보트를 타고 강으로!
좌악
과연 어떤 친구들이 잡혔을까?

**브린이를 위한 상식**

돌고기는 잉엇과 민물고기로, 주로 물이 맑고 느리게 흐르는 하천에서 서식해요. 원래는 돼지를 뜻하는 돈(豚)을 넣어 돈고기라고 불렸으나, 발음이 어려워 돌고기로 이름이 바뀌었어요.

우아~ 어름치다!
이 친구는 천연기념물이에요.
환경 변화에 예민하고
분포하는 지역이 한정되어
있어서 멸종되지 않게
보호해 줘야 해요.
고마워!
이 친구는
바로 풀어 줄게요.
건강하게 잘 살았으면
좋겠네요~.
어름치

이 친구는
성질이 사나운
민물고기인
끄리입니다.
지금 이 친구는
크기가 작은데,
약 40cm까지도
커져요.
끄리

피라미
끄리랑
비슷하게 생긴
피라미입니다.
끄리와는
주둥이가 좀
다르죠?

**브린이를 위한 상식**

모래무지는 강의 모랫바닥에서 서식하며, 이름처럼 모래 속에 숨는 특징이 있어요. 주로 작은 동물이나 곤충을 잡아먹으며, 모래와 함께 먹이를 삼켰다가 모래만 걸러 다시 아가미구멍으로 내보내지요.

**브린이를 위한 상식**

우리나라 고유종 민물고기인 동사리는 우리나라의 강 곳곳에서 발견할 수 있어요.
번식기가 되면 수컷의 영역에 암컷이 찾아와 알을 낳고, 수컷은 알이 부화할 때까지 알을 보호해요.

긴 수염이 특징인 메기인데, 비늘이 없고 미끈거려요.

메기

납자루다! 민물조개 속에 알을 낳는 독특한 친구예요.

납자루

# 정브르의 생물 탐구

물고기는 종에 따라 서식 환경이 완전히 달라져요.
따뜻한 열대, 온대 지방부터 추운 극지방, 바다, 강, 하천까지 온도와
물의 종류 등으로 나눌 수 있어요.

영상으로 확인해 봐요!

### ⋆정브르의 생물 탐구⋆

**생물 이름: 토좌금**

금붕어의 일종인 토좌금은 아름다운 꼬리지느러미가 특징이에요. 부채처럼 넓게 펼쳐져 있어서, 가장자리가 뒤집히는 반전이 일어나지요.

- 크기: 약 15cm
- 먹이: 실지렁이 등
- 사는 곳: 아열대 지방의 따뜻한 물

### ⋆정브르의 생물 탐구⋆

**생물 이름: 강준치**

강준치는 호수나 강처럼 물살이 느린 곳에 서식하는 민물고기예요. 다른 물고기를 마구 잡아먹고 번식력도 강해 생태계를 교란시켜서 유해 어종으로 분류돼요.

- 크기: 평균 약 40~50cm
- 먹이: 물고기, 갑각류 등
- 사는 곳: 강의 중, 하류

영상으로 확인해 봐요!

7화

# 브르, 갯벌에 방문하다!

오늘은 서해안에 왔습니다.

다행히 지금은 물이 빠지는 썰물 시간이에요.

아름다운 서해안!

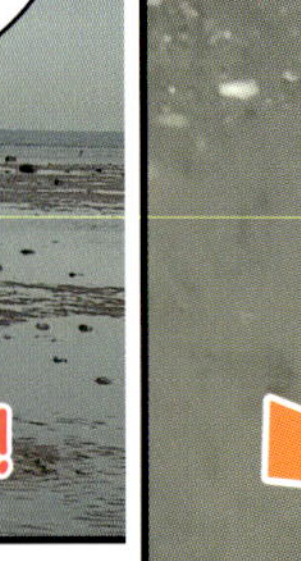

키조갯과의 연체동물인 키조개는 마치 부채와 닮은 모양이에요.

키조개

**브린이를 위한 상식**

커다란 삼각형 모양의 껍데기를 가진 키조개는 썰물 때에 물이 빠진 갯벌에서 자주 발견할 수 있어요. 주로 7~8월 즈음 산란을 하며, 이 시기에는 키조개를 잡는 것이 금지되어 있어요.

말똥성게
생김새가 말의 똥과 비슷한 둥근 모양의 말똥성게예요.
주로 얕은 바다의 돌 밑에 붙어서 산다고 해요.
가시로 덮여 있는 몸.
바다새우 친구들도 굉장히 많아요.
귀염
이 친구는 가리비 같아요. 가리비는 모래나 자갈이 많은 곳에 주로 서식해요.
색이 독특한 조개도 있네요~.
갯벌에는 정말 다양한 생물이 살고 있는 것 같아요. 벌써 한가득 채집했어요.
생김새가 다양한 생물들.

홍합과의 조개인
담치가 많네요.
여름에는 삭시톡신이라는
독이 있어서 섭취할 때
유의해야 해요.
담치

쑤욱
키조개
하나 더
발견!
크기가 작은 건
생태계를 건강하게
유지하기 위해
풀어 줘야 해요.

와,
저기 보세요!
괴생명체 발견!
이게 대체
뭐지…?
길 쭉
정체를 알 수 없는 생물….

집게다리가 길쭉한 자게도 나왔어요. 정말 멋지네요.

나 멋지지!

자게

**브린이를 위한 상식**

자게는 몸에 비해 길고 커다란 집게다리를 가지고 있으며, 몸 윗면에는 오돌토돌한 돌기가 나 있어요. 주로 진흙이나 암석 주변에 서식해요.

또 키조개 발견!

덥석

흠…. 이 친구도 작은 편이라 놓아줄게요.

고마워!

꽃게 친구예요.
어디 가던
중이었니?
산책
중이었어!
꽃게

지금
약 두 시간 정도
채집했는데,
물이 슬슬 들어오고
있어요.
여러분도
갯벌 체험을 하다가
물이 들어오기 시작하면
사고 방지를 위해 바로
나와야 해요.
물이 들어오는 저녁 시간.

키조개를 많이
풀어 줬는데도 아직
꽤 남았습니다.
잡은 걸 한번
구경해 볼까요?
가 득

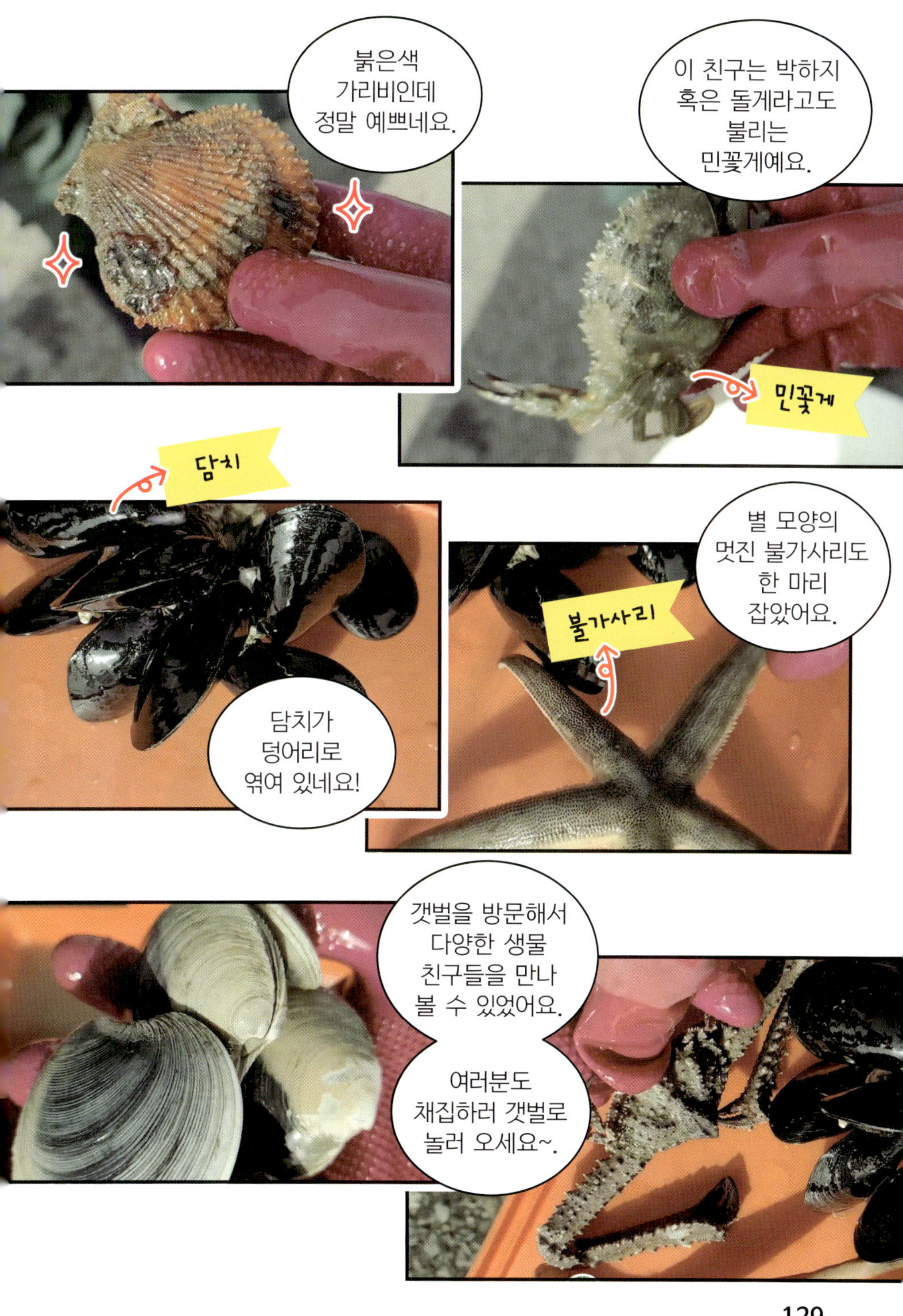
붉은색
가리비인데
정말 예쁘네요.
이 친구는 박하지
혹은 돌게라고도
불리는
민꽃게예요.
민꽃게
담치
담치가
덩어리로
엮여 있네요!
별 모양의
멋진 불가사리도
한 마리
잡았어요.
불가사리
갯벌을 방문해서
다양한 생물
친구들을 만나
볼 수 있었어요.
여러분도
채집하러 갯벌로
놀러 오세요~.

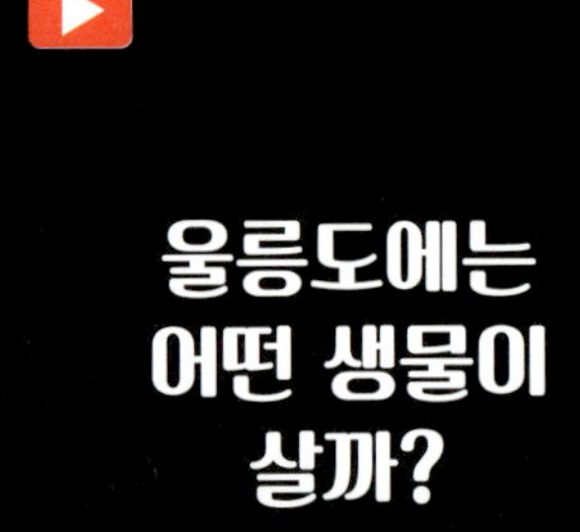
울릉도에는
어떤 생물이
살까?

울릉도의 생태계와
서식하는 생물을
보여 드리고자
이곳에 왔습니다.

울릉도
바다에 통발을
던지면 어떤 게
잡힐까요?
아름다운 우리나라 섬, 울릉도!

짠!
통발을 준비해
왔어요~.

근처에서 얻은
오징어 내장을 미끼로
사용할 거예요.
오징어 내장

너무 귀여운 다람쥐 친구를 발견했어요.

재밌게 놀아~.

울릉도에는 특이한 생물이 잡힌다고 해요.

과연 어떤 생물일까?

짜 잔
바로 도화새우,
닭새우, 꽃새우 이렇게
세 종류의 새우입니다.
동해를 포함해서 넓은
지역에 분포하고
있어요.

도화새우
화려한 생김새가
복숭아 꽃을
닮았다고 해서
도화새우라고 해요.
얼굴에 흰색
점이 있는 것이
특징이에요.
이 친구는
머리 부분에
닭처럼 벼슬이
있어서 닭새우라고
불려요.
닭새우

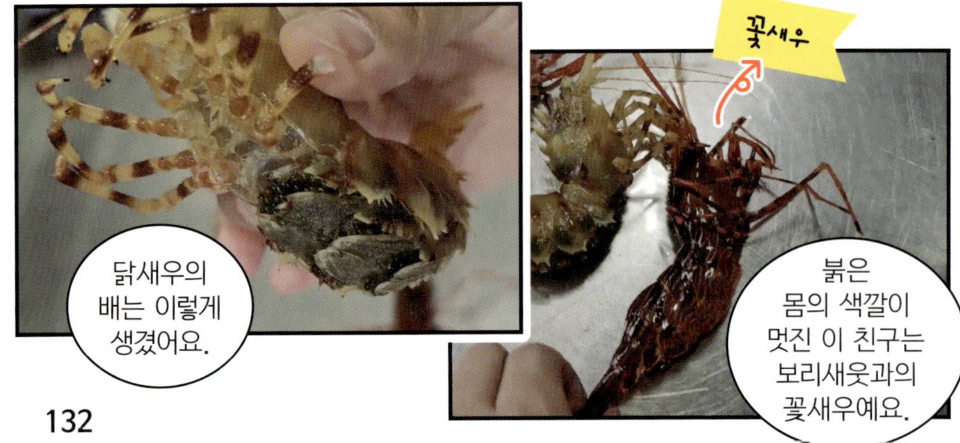
닭새우의
배는 이렇게
생겼어요.
꽃새우
붉은
몸의 색깔이
멋진 이 친구는
보리새웃과의
꽃새우예요.

아주 생생하고
멋진 친구들이에요.
실제로 보니 크기가
정말 크네요~.
귀 염

쥐치 종류와
돌돔 등
다양한 친구들이
가득 있어요.
싱싱한
전복, 해삼도
있네요.
와, 역시
이 부근에서 잡히는
새우가 정말 크고
멋지네요.
헤헷~.

이건 울릉도에서
해풍으로 건조시킨
오징어인데, 이렇게
건조시키는 모습이
신기해요!

오징어

헉! 제가 통발을
던져 놓은 곳이 파도가
너무 세서 미끼가
다 빠져나갔을 것
같아요.

거센 파도가 치는 울릉도 바다.

한번
건져 볼게요.

좌악

파도가
덜 치는 곳에
통발을 다시
던질게요.

돼지고기

이번 미끼는
돼지고기예요.

이번에는
꼭 잡혀 줘!

휘익

여기서
낚시하는
사람이 많아요.

뭐가
잡혔을까요?

**브린이를 위한 상식**

용치놀래기는 여름철에 우리나라 남해안에서 발견할 수 있어요.
암컷 일부가 수컷으로 성이 전환되기도 하는 특이한 생태를 가진 물고기지요.

거북손이에요. 보통 바닷가의 바위틈에 무리를 지어 살아요.
거북손

자연에는 신비로운 생물이 정말 많은 것 같아요~.
브린이를 위한 상식
바위틈에서 발견할 수 있는 거북손은 머리 부분이 거북의 다리와 닮아 있어요. 한 번 바위에 붙고 나면 이동할 수 없으며, 한 마리가 암컷과 수컷의 생식 기관을 모두 가지고 있는 자웅동체 생물이에요.

이제 제가 던져 놓은 통발을 확인해 볼까요? 제발 많이 잡혔길…!
촤악

아, 너무 아쉽게도 물고기가 한 마리도 안 잡혔어요.
이건 소라 새끼로 추정됩니다.
아쉬운 통발 채집.

냥 냥
다음에 또 도전해~.
바위게야, 너 지금 돼지고기 먹고 있니…?
바위게

울릉도는 꼭 다시 오고 싶은 너무 아름다운 섬이에요.
여러분도 놀러 오세요~!
또 놀러 와!

## 정브르의 생물 탐구

우리나라에서는 볼 수 없지만, 외국에 서식하는 독특한 생물도 많아요. 같은 명칭의 생물이라도 사는 곳에 따라 생김새나 생활 방식이 조금씩 달라요.

### ★정브르의 생물 탐구★

**생물 이름: 위디해룡**

위디해룡은 호주의 온대 해역에 서식하는 해마와 같은 실고깃과의 생물이에요. 해마와 해룡은 비슷한 생김새를 가지고 있지만 해마는 꼬리가 둥글게 말렸고 해룡은 뻗어 있는 모양이지요.

- 크기: 약 45cm
- 먹이: 보리새우, 유생 어류 등
- 사는 곳: 바위가 많은 암초 지대

### ★지역에 따라 생김새가 다른 동물★

같은 명칭의 생물도 사는 곳에 따라 생김새가 완전히 다르기도 해요. 생김새뿐 아니라 몸 크기, 먹이, 성격 등에서도 차이가 있어요.

대표적으로는 유라시아수달과 큰수달이 있어요. 유라시아수달은 우리나라를 포함한 유라시아 전역에 분포하며 몸길이는 약 1m, 몸무게는 8kg 정도이지요. 하지만 남아메리카에 서식하는 큰수달은 몸길이가 최대 1.5~2m이고 몸무게는 약 30kg으로 훨씬 거대해요.

유라시아수달

큰수달

# 브르의 미로 찾기

미로를 탈출해 도착지로 가요.

도착

22~23p

140~141p

인기 게임 〈무한의 계단〉
정보와 재미 무한대 출동!

INFINITE STAIRS © NFLY.S
구입문의: 02-791-0708 서울문화사

# 뚜식이

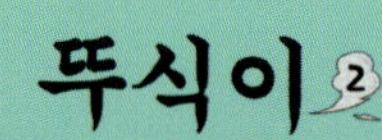

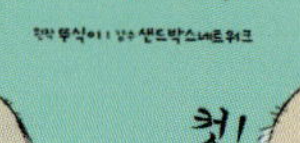

엉뚱 발랄
뚜식이 뚜순이 남매의
웃음 폭탄 이야기!

"오늘 읽을 <뚜식이>를
내일로 미루지 말라!"
– 천재 뚜식이의 말씀 –

©뚜식이. ©SANDBOX NETWORK.
구입문의 02-791-0708 (출판마케팅) 서울문화사

현실 세계의 영혼이 게임에 봉인됐다!

# 도티와 영원의 탑

게임을 시작하시겠습니까?

감수 샌드박스네트워크 | 184쪽 | 값 14,000원

SANDBOX NETWORK.

문의 전화 : 02) 791-0754 서울문화사

구독자 수 135만 명
유튜브 조회 수 7억 회

생물 크리에이터 정브르와
떠나는 신비로운 생물 탐험!

NEW

생생체험 자연관찰
정브르의 열대동물일기
지음 정브르
감수 샌드박스네트워크
브르와 함께 떠나는 열대 동물 탐험!
서울문화사

브린이들 하이!
브랑 다양한
생물 탐험 출발!

정브르의 생생체험 자연관찰 시리즈!

① 정브르의 동물일기
② 정브르의 곤충일기
③ 정브르의 파충류일기
④ 정브르의 아마존일기
⑤ 정브르의 희귀동물일기
⑥ 정브르의 맹독생물일기
⑦ 정브르의 반려동물일기
⑧ 정브르의 열대동물일기 NEW

각 권 13,000원

©정브르, ©SANDBOX NETWORK.

구입 문의 (02)791-0754 서울문화사

JUM 성경읽기표와 함께 하는

일독큐티

"1년 동안 큐티와 성경일독을 함께"

# JUM 성경읽기표

1월–6월

| 날짜 | 1월 [사랑] | | 2월 [순종] | | 3월 [예배] | | 4월 [헌신] | | 5월 [가족] | | 6월 [지혜] | |
|---|---|---|---|---|---|---|---|---|---|---|---|---|
| | 창, 출 | | 레, 민, 신 | | 수, 사, 룻, 삼상·하 | | 왕상·하, 대상·하 | | 스, 느, 에, 욥, 시1권 | | 시2권~5권, 잠 | |
| 1 | 창 1–3 | ☐ | 레 1–4 | ☐ | 수 1–4 | ☐ | 왕상 1–4 | ☐ | 스 1–5 | ☐ | 시 42–46 | ☐ |
| 2 | 창 4–6 | ☐ | 레 5–8 | ☐ | 수 5–8 | ☐ | 왕상 5–8 | ☐ | 스 6–10 | ☐ | 시 47–51 | ☐ |
| 3 | 창 7–9 | ☐ | 레 9–12 | ☐ | 수 9–12 | ☐ | 왕상 9–12 | ☐ | 느 1–4 | ☐ | 시 52–56 | ☐ |
| 4 | 창 10–12 | ☐ | 레 13–15 | ☐ | 수 13–16 | ☐ | 왕상 13–16 | ☐ | 느 5–7 | ☐ | 시 57–61 | ☐ |
| 5 | 창 13–15 | ☐ | 레 16–19 | ☐ | 수 17–20 | ☐ | 왕상 17–19 | ☐ | 느 8–10 | ☐ | 시 62–66 | ☐ |
| 6 | 창 16–18 | ☐ | 레 20–23 | ☐ | 수 21–24 | ☐ | 왕상 20–22 | ☐ | 느 11–13 | ☐ | 시 67–72 | ☐ |
| 7 | 창 19–21 | ☐ | 레 24–27 | ☐ | 삿 1–4 | ☐ | 왕하 1–3 | ☐ | 에 1–5 | ☐ | 시 73–77 | ☐ |
| 8 | 창 22–24 | ☐ | 민 1–4 | ☐ | 삿 5–8 | ☐ | 왕하 4–7 | ☐ | 에 6–10 | ☐ | 시 78–80 | ☐ |
| 9 | 창 25–27 | ☐ | 민 5–8 | ☐ | 삿 9–12 | ☐ | 왕하 8–10 | ☐ | 욥 1–3 | ☐ | 시 81–85 | ☐ |
| 10 | 창 28–30 | ☐ | 민 9–12 | ☐ | 삿 13–16 | ☐ | 왕하 11–14 | ☐ | 욥 4–7 | ☐ | 시 86–89 | ☐ |
| 11 | 창 31–33 | ☐ | 민 13–16 | ☐ | 삿 17–19 | ☐ | 왕하 15–18 | ☐ | 욥 8–10 | ☐ | 시 90–94 | ☐ |
| 12 | 창 34–36 | ☐ | 민 17–20 | ☐ | 삿 20–21 | ☐ | 왕하 19–22 | ☐ | 욥 11–14 | ☐ | 시 95–99 | ☐ |
| 13 | 창 37–39 | ☐ | 민 21–24 | ☐ | 룻 1–4 | ☐ | 왕하 23–25 | ☐ | 욥 15–17 | ☐ | 시 100–103 | ☐ |
| 14 | 창 40–42 | ☐ | 민 25–28 | ☐ | 삼상 1–4 | ☐ | 대상 1–4 | ☐ | 욥 18–21 | ☐ | 시 104–106 | ☐ |
| 15 | 창 43–45 | ☐ | 민 29–32 | ☐ | 삼상 5–8 | ☐ | 대상 5–8 | ☐ | 욥 22–24 | ☐ | 시 107–112 | ☐ |
| 16 | 창 46–48 | ☐ | 민 33–36 | ☐ | 삼상 9–12 | ☐ | 대상 9–12 | ☐ | 욥 25–28 | ☐ | 시 113–118 | ☐ |
| 17 | 창 49–50 | ☐ | 신 1–3 | ☐ | 삼상 13–16 | ☐ | 대상 13–16 | ☐ | 욥 29–32 | ☐ | 시 119 | ☐ |
| 18 | 출 1–3 | ☐ | 신 4–6 | ☐ | 삼상 17–19 | ☐ | 대상 17–20 | ☐ | 욥 33–37 | ☐ | 시 120–129 | ☐ |
| 19 | 출 4–6 | ☐ | 신 7–9 | ☐ | 삼상 20–22 | ☐ | 대상 21–24 | ☐ | 욥 38–42 | ☐ | 시 130–137 | ☐ |
| 20 | 출 7–8 | ☐ | 신 10–12 | ☐ | 삼상 23–25 | ☐ | 대상 25–29 | ☐ | 시 1–4 | ☐ | 시 138–143 | ☐ |
| 21 | 출 9–10 | ☐ | 신 13–15 | ☐ | 삼상 26–28 | ☐ | 대하 1–4 | ☐ | 시 5–7 | ☐ | 시 144–150 | ☐ |
| 22 | 출 11–13 | ☐ | 신 16–18 | ☐ | 삼상 29–31 | ☐ | 대하 5–8 | ☐ | 시 8–10 | ☐ | 잠 1–4 | ☐ |
| 23 | 출 14–16 | ☐ | 신 19–21 | ☐ | 삼하 1–2 | ☐ | 대하 9–12 | ☐ | 시 11–14 | ☐ | 잠 5–8 | ☐ |
| 24 | 출 17–19 | ☐ | 신 22–24 | ☐ | 삼하 3–4 | ☐ | 대하 13–16 | ☐ | 시 15–18 | ☐ | 잠 9–12 | ☐ |
| 25 | 출 20–22 | ☐ | 신 25–27 | ☐ | 삼하 5–8 | ☐ | 대하 17–20 | ☐ | 시 19–23 | ☐ | 잠 13–16 | ☐ |
| 26 | 출 23–25 | ☐ | 신 28–30 | ☐ | 삼하 9–12 | ☐ | 대하 21–24 | ☐ | 시 24–27 | ☐ | 잠 17–20 | ☐ |
| 27 | 출 26–28 | ☐ | 신 31–32 | ☐ | 삼하 13–15 | ☐ | 대하 25–28 | ☐ | 시 28–31 | ☐ | 잠 21–24 | ☐ |
| 28 | 출 29–31 | ☐ | 신 33–34 | ☐ | 삼하 16–18 | ☐ | 대하 29–32 | ☐ | 시 32–35 | ☐ | 잠 25–27 | ☐ |
| 29 | 출 32–34 | ☐ | 개인묵상 | ☐ | 삼하 19–20 | ☐ | 대하 33–34 | ☐ | 시 36–37 | ☐ | 잠 28–29 | ☐ |
| 30 | 출 35–37 | ☐ | | | 삼하 21–22 | ☐ | 대하 35–36 | ☐ | 시 38–39 | ☐ | 잠 30–31 | ☐ |
| 31 | 출 38–40 | ☐ | | | 삼하 23–24 | ☐ | | | 시 40–41 | ☐ | | |

믿음을 지키고 신앙의 위기에서 빠져나올 때도 말씀 외에는 방법이 없습니다.
말씀을 읽고 믿음에 서 있는 성도들이 신앙을 지키고 교회를 지키고 가정을 지킵니다.
큐티와 함께 JUM 성경읽기표대로 꾸준히 읽으면 성경을 일 년에 일독할 수 있습니다.

"지금까지 큐티와 성경일독을 따로했다면 이제부터 큐티와 성경일독을 함께 하세요"

## 7월-12월

| 날짜 | 7월 [은혜] | 8월 [선교] | 9월 [회복] | 10월 [성숙] | 11월 [축복] | 12월 [약속] |
|---|---|---|---|---|---|---|
| | 전, 아, 사 | 렘, 애, 겔 | 단, 호, 욜, 암, 옵, 욘, 미, 나, 합, 습, 학, 슥, 말 | 마, 막, 눅, 요 | 행, 롬, 고전·후, 갈, 엡, 빌, 골 | 살전·후, 딤전·후, 딛, 몬, 히, 약, 벧전·후, 요1-3, 유, 계 |
| 1 | 전 1-3 ☐ | 렘 1-3 ☐ | 단 1-3 ☐ | 마 1-3 ☐ | 행 1-3 ☐ | 살전 1-2 ☐ |
| 2 | 전 4-6 ☐ | 렘 4-6 ☐ | 단 4-6 ☐ | 마 4-5 ☐ | 행 4-6 ☐ | 살전 3-5 ☐ |
| 3 | 전 7-9 ☐ | 렘 7-9 ☐ | 단 7-9 ☐ | 마 6-7 ☐ | 행 7-9 ☐ | 살후 1-3 ☐ |
| 4 | 전 10-12 ☐ | 렘 10-13 ☐ | 단 10-12 ☐ | 마 8-10 ☐ | 행 10-12 ☐ | 딤전 1-3 ☐ |
| 5 | 아 1-3 ☐ | 렘 14-17 ☐ | 호 1-3 ☐ | 마 11-13 ☐ | 행 13-15 ☐ | 딤전 4-6 ☐ |
| 6 | 아 4-6 ☐ | 렘 18-21 ☐ | 호 4-6 ☐ | 마 14-17 ☐ | 행 16-18 ☐ | 딤후 1-4 ☐ |
| 7 | 아 7-8 ☐ | 렘 22-24 ☐ | 호 7-9 ☐ | 마 18-21 ☐ | 행 19-21 ☐ | 딛 1-3 ☐ |
| 8 | 사 1-3 ☐ | 렘 25-28 ☐ | 호 10-12 ☐ | 마 22-24 ☐ | 행 22-23 ☐ | 몬 1 ☐ |
| 9 | 사 4-6 ☐ | 렘 29-31 ☐ | 호 13-14 ☐ | 마 25-26 ☐ | 행 24-25 ☐ | 히 1-3 ☐ |
| 10 | 사 7-9 ☐ | 렘 32-34 ☐ | 욜 1-3 ☐ | 마 27-28 ☐ | 행 26-28 ☐ | 히 4-7 ☐ |
| 11 | 사 10-12 ☐ | 렘 35-37 ☐ | 암 1-3 ☐ | 막 1-3 ☐ | 롬 1-3 ☐ | 히 8-10 ☐ |
| 12 | 사 13-15 ☐ | 렘 38-41 ☐ | 암 4-6 ☐ | 막 4-6 ☐ | 롬 4-6 ☐ | 히 11-13 ☐ |
| 13 | 사 16-18 ☐ | 렘 42-45 ☐ | 암 7-9 ☐ | 막 7-9 ☐ | 롬 7-9 ☐ | 약 1-2 ☐ |
| 14 | 사 19-21 ☐ | 렘 46-48 ☐ | 옵 1 ☐ | 막 10-12 ☐ | 롬 10-13 ☐ | 약 3-5 ☐ |
| 15 | 사 22-24 ☐ | 렘 49-50 ☐ | 욘 1-4 ☐ | 막 13-16 ☐ | 롬 14-16 ☐ | 벧전 1-2 ☐ |
| 16 | 사 25-27 ☐ | 렘 51-52 ☐ | 미 1-4 ☐ | 눅 1-3 ☐ | 고전 1-4 ☐ | 벧전 3-5 ☐ |
| 17 | 사 28-29 ☐ | 애 1-5 ☐ | 미 5-7 ☐ | 눅 4-6 ☐ | 고전 5-7 ☐ | 벧후 1-3 ☐ |
| 18 | 사 30-32 ☐ | 겔 1-4 ☐ | 나 1-3 ☐ | 눅 7-9 ☐ | 고전 8-10 ☐ | 요1서 1-2 ☐ |
| 19 | 사 33-35 ☐ | 겔 5-8 ☐ | 합 1-3 ☐ | 눅 10-12 ☐ | 고전 11-13 ☐ | 요1서 3-5 ☐ |
| 20 | 사 36-38 ☐ | 겔 9-12 ☐ | 습 1-3 ☐ | 눅 13-15 ☐ | 고전 14-16 ☐ | 요2서 1 ☐ |
| 21 | 사 39-41 ☐ | 겔 13-16 ☐ | 학 1-2 ☐ | 눅 16-18 ☐ | 고후 1-4 ☐ | 요3서 1 ☐ |
| 22 | 사 42-43 ☐ | 겔 17-20 ☐ | 슥 1-2 ☐ | 눅 19-21 ☐ | 고후 5-7 ☐ | 유다서 1 ☐ |
| 23 | 사 44-46 ☐ | 겔 21-24 ☐ | 슥 3-4 ☐ | 눅 22-24 ☐ | 고후 8-10 ☐ | 계 1-3 ☐ |
| 24 | 사 47-49 ☐ | 겔 25-28 ☐ | 슥 5-6 ☐ | 요 1-3 ☐ | 고후 11-13 ☐ | 계 4-6 ☐ |
| 25 | 사 50-52 ☐ | 겔 29-32 ☐ | 슥 7-8 ☐ | 요 4-6 ☐ | 갈 1-3 ☐ | 계 7-9 ☐ |
| 26 | 사 53-55 ☐ | 겔 33-36 ☐ | 슥 9-10 ☐ | 요 7-9 ☐ | 갈 4-6 ☐ | 계 10-12 ☐ |
| 27 | 사 56-58 ☐ | 겔 37-39 ☐ | 슥 11-12 ☐ | 요 10-12 ☐ | 엡 1-3 ☐ | 계 13-14 ☐ |
| 28 | 사 59-60 ☐ | 겔 40-42 ☐ | 슥 13-14 ☐ | 요 13-15 ☐ | 엡 4-6 ☐ | 계 15-16 ☐ |
| 29 | 사 61-62 ☐ | 겔 43-44 ☐ | 말 1-2 ☐ | 요 16-17 ☐ | 빌 1-4 ☐ | 계 17-18 ☐ |
| 30 | 사 63-64 ☐ | 겔 45-46 ☐ | 말 3-4 ☐ | 요 18-19 ☐ | 골 1-4 ☐ | 계 19-20 ☐ |
| 31 | 사 65-66 ☐ | 겔 47-48 ☐ | | 요 20-21 ☐ | | 계 21-22 ☐ |